番号法で変わる住民基本台帳制度 Q&A

番号法実務研究会 編著

ぎょうせい

はじめに

　わが国に本格的な番号制度を導入するための番号関連法が第183通常国会で成立した（平成25年5月）。
　これまで行政の分野でも個々の業務における情報化・電子化は相当進展していながら、行政に関わる様々な主体の間での情報のやりとりは、依然として文書などにより人手を介して行われることが主であり、電子化による利便性や効率性の向上は全体で見れば限定的なものに止まってきたといわざるをえない。
　次の段階に進むためには、行政の取り扱う個人情報をできるだけ広い範囲でそれぞれの主体同士により正確に効率よく共有して活用できる環境が整備される必要がある。そのために欠かすことができないのが、これまで個別に行っていた本人確認を共通化し、それにより同一人の情報を相互に関連付ける仕組みである。その仕組みに当たるのが番号制度であり、その必要性、有用性はかなり以前から認識され、それに関わる様々な提言や取組が行われてきたところである。
　にもかかわらず、なかなか実現に至らなかった要因として二つのことが考えられる。第一には、全国民について重複なく番号を関連付けそれを維持する仕組みを構築すること自体が容易なことではなかったということであり、第二には、第一の仕組みをつくること自体も含め個人の情報が自らが了承している範囲を超えて知らないところで容易に集約され、悪用される危険性が格段に高まるのではないかという個人情報保護に係る不安・懸念が大きかったことである。

今回、制度化が実現したのは、まず第一の仕組みとして即戦力として活用できる住民基本台帳ネットワークシステム（以下「住基ネット」という。）の存在によるところが大きい。住基ネットは、それができるまでは個々の市町村に別々にアクセスしないと入手できなかった個人を特定するための本人確認情報を市町村を越えて全国の行政機関が正確に効率よく入手できるようにするための全国システムであり、平成11年の法改正により導入が決まり、平成14年から稼動している。住基ネットでは、全国的な本人確認情報提供事務等のため住民票に1対1で対応し全国を通じ重複のない住民票コードを記載することとした。元々、住民基本台帳制度は国民がいずれか一つの市町村の住民であることを裏付けるものであり、誰でも国内で住所は一つということを制度的に担保している。したがって、国民1人につき住民票とそれに1対1で対応する住民票コードは1つしか存在しないこととなる。しかも、住民票コードは最も住民に近い市町村が整備する住民基本台帳に基づき常に最新で正確な本人確認情報に裏付けられている。そして、このシステムは、全国の都道府県、市町村の連携により、情報が漏えいしたり、システムが深刻な障害に見舞われることもなく10年以上安定的に稼動している。番号制度の基盤として活用できるこのようなシステムがなければ、1からそれに相当するシステムをつくらねばならず番号制度導入への道程はかなり遠いものとなっていたかもしれない。
　第2に挙げた個人情報保護に係る不安・懸念の点についても、住基ネットの導入と運用の実績が番号制度を受け入れることを前向きにとらえる雰囲気を醸成した側面があるものと考えられる。住基ネット導入の際には、個人情報保護の観点からの大議論を経

ており、それも踏まえ詳細な個人情報保護措置が法律により明文で規定された。さらに、その国会審議を契機として民間部門も含めた包括的な個人情報保護法が住基ネットの施行にあわせ制定された。にもかかわらず住基ネット施行後もその議論は様々な形で続き、個人情報に係る自由の侵害に当たるとの違憲訴訟も各地で提起されたが、最高裁の判決で合憲が確定した。そして、その後10年以上安定的に稼動することにより身をもって不安・懸念を払拭してきた。

このように番号制度実現のための環境が整ってくる一方で、少子高齢化などの社会経済情勢の変化が今後の趨勢として現実のものとなり、より公平で公正な社会保障制度や税制が求められる時代となったため、その基盤としての番号制度導入の機運が高まり、各方面の意見や提言を踏まえながらの政府内での検討・準備、国会での議論を経て、まずは社会保障や税、防災の分野に利用するものとして法律による制度化が実現したものである。

住基ネットを活用する番号制度であるが、その根幹となる個人番号は住民票コードからそれとは別の番号として生成されることとなった。民間利用を禁止するとともに行政機関においても厳格な利用制限がかけられた住民票コードやそれを含む本人確認情報が取り扱われるネットワークを直接用いることとはせず、それと関連性を有する個人番号やネットワークにより、安全かつ汎用性の高いシステムを構築しようとするものである。

なお、番号制度では、個人番号やそれと紐付けられた情報を利用できる主体、事務等を法律で限定列挙しているほか、一般の守秘義務より重い罰則も含め個人情報保護を徹底するための具体的な規定を置くなど住基ネットに係る法制度を踏襲しつつ、利用範

囲が格段に広がる番号制度に求められる個人情報保護の水準を確保するため、住基ネットに係る最高裁の判決も踏まえた制度・技術の仕組みにより個人情報保護措置がさらに強化されているところであり、住基ネットの制度とその運用の実績が法制面でも活かされているといえる。

　番号制度のベースとなるだけに住民基本台帳制度自体も大きく変わることとなる。そして、番号制度に関し市町村は、個人番号を付番するなど番号制度を支える住民基本台帳制度を担う立場に加えて、個人番号に基づく情報を自らの事務に活用したり、他の行政機関の求めに応じて情報を提供する立場となる。法律に基づく事務だけでなく条例による独自利用も可能であり、自治体の事務ひいては住民サービスを大きく変える可能性を秘めている。

　本書では、番号制度が市町村を中心とする地方自治体に密接な制度であり、導入作業も含めその事務への影響も大きいことから、番号制度の導入に伴い住民基本台帳制度がどのように変わるのかという視点とともに、情報連携の主体としての視点も加え、地方自治体にとってどのような制度となるのかについて理解を深めていただくことを中心に制度導入の経緯や制度の内容についてわかりやすく解説している。地方自治体関係者はもちろん、関心を持たれる方の制度の理解や活用の検討に広く役立てていただければ幸いである。

平成26年1月

番号法実務研究会

目　次

はじめに

第1章　個人番号法等関連4法の制定までの経緯と制度の概要

第1節　個人番号法等関連4法の制定までの経緯‥‥‥‥‥2
　1　政権交代及び検討会における「中間とりまとめ」‥‥‥2
　2　パブリックコメント及び実務検討会における「中間整理」‥6
　3　基　本　方　針‥‥‥‥‥‥‥‥‥‥‥‥‥‥‥‥‥14
　　(1)　番号制度の理念・実現すべき社会‥‥‥‥‥‥‥14
　　(2)　番号制度の構成要素‥‥‥‥‥‥‥‥‥‥‥‥‥15
　　(3)　付番の方針‥‥‥‥‥‥‥‥‥‥‥‥‥‥‥‥‥15
　　(4)　「番号」の共通化‥‥‥‥‥‥‥‥‥‥‥‥‥‥15
　　(5)　情報連携‥‥‥‥‥‥‥‥‥‥‥‥‥‥‥‥‥‥17
　　(6)　本人確認‥‥‥‥‥‥‥‥‥‥‥‥‥‥‥‥‥‥18
　　(7)　マイ・ポータル‥‥‥‥‥‥‥‥‥‥‥‥‥‥‥18
　　(8)　個人情報保護‥‥‥‥‥‥‥‥‥‥‥‥‥‥‥‥18
　　(9)　その他の論点‥‥‥‥‥‥‥‥‥‥‥‥‥‥‥‥19
　4　個人情報保護WG・情報連携基盤技術WG‥‥‥‥‥21
　　(1)　個人情報保護WG‥‥‥‥‥‥‥‥‥‥‥‥‥‥21
　　(2)　情報連携基盤技術WG‥‥‥‥‥‥‥‥‥‥‥‥23
　5　各界からの意見聴取等‥‥‥‥‥‥‥‥‥‥‥‥‥‥26
　6　社会保障・税番号要綱‥‥‥‥‥‥‥‥‥‥‥‥‥‥27

⑴　「番号」を利用できる分野の追加・・・・・・・・・・・・・・・・・・・・・27
　⑵　国民の懸念及び最高裁合憲判決の整理・・・・・・・・・・・・・・27
　⑶　「番号」の骨格・・・・・・・・・・・・・・・・・・・・・・・・・・・・・・・・・・・・29
　⑷　情報連携の方法及びICカード・・・・・・・・・・・・・・・・・・・・・・29
　⑸　三条委員会の設置の検討・・・・・・・・・・・・・・・・・・・・・・・・・・29
　⑹　罰則の整理・・・・・・・・・・・・・・・・・・・・・・・・・・・・・・・・・・・・・・30
　7　社会保障・税番号大綱・・・・・・・・・・・・・・・・・・・・・・・・・・・・・・31
　⑴　番号制度でできる事項の提示・・・・・・・・・・・・・・・・・・・・・・31
　⑵　医療分野等の取扱い・・・・・・・・・・・・・・・・・・・・・・・・・・・・・・32
　⑶　本人同意等の諸論点・・・・・・・・・・・・・・・・・・・・・・・・・・・・・・32
　8　「番号」の名称・・・・・・・・・・・・・・・・・・・・・・・・・・・・・・・・・・・・・33
　9　各党における検討・・・・・・・・・・・・・・・・・・・・・・・・・・・・・・・・・・34
　10　残された論点・・・・・・・・・・・・・・・・・・・・・・・・・・・・・・・・・・・・・35
　11　法案の提出及び廃案・・・・・・・・・・・・・・・・・・・・・・・・・・・・・・・37
　12　法案の再提出及び成立・・・・・・・・・・・・・・・・・・・・・・・・・・・・・39

第2節　制度の概要・・・・・・・・・・・・・・・・・・・・・・・・・・・・・・・・・・・・・・43
　1　構　成・・・44
　⑴　総　則・・・44
　⑵　個人番号・・44
　⑶　個人番号カード・・・・・・・・・・・・・・・・・・・・・・・・・・・・・・・・・・44
　⑷　特定個人情報の提供・・・・・・・・・・・・・・・・・・・・・・・・・・・・・・44
　⑸　特定個人情報の保護・・・・・・・・・・・・・・・・・・・・・・・・・・・・・・44
　⑹　特定個人情報保護委員会・・・・・・・・・・・・・・・・・・・・・・・・・・45
　⑺　法人番号・・45
　⑻　雑則、罰則・・・・・・・・・・・・・・・・・・・・・・・・・・・・・・・・・・・・・・45

(9)　附　則……………………………………………………45
　2　施行期日………………………………………………………47
　3　地方公共団体に関する規定…………………………………48
　　(1)　地方公共団体の責務……………………………………48
　　(2)　個人番号の生成・指定・通知…………………………48
　　(3)　個人番号カード…………………………………………51
　　(4)　個人番号カードの利用…………………………………52
　　(5)　個人番号の利用…………………………………………53
　　(6)　特定個人情報の提供……………………………………55
　　(7)　地方公共団体の特定個人情報保護評価………………56
　　(8)　個人情報保護条例等との関係…………………………59
　　(9)　法人番号…………………………………………………60
　　(10)　準備行為…………………………………………………60
　　(11)　マイ・ポータル…………………………………………60
　　(12)　自治体クラウド導入への国の協力……………………61

第2章　個人番号制度及び改正住民基本台帳制度等のQ&A

　1　個人番号制度のQ&A…………………………………………64
　　Q1　なぜ、社会保障・税番号制度を導入するのですか。‥64
　　Q2　個人番号には何を用いるのですか。………………………68
　　Q3　なぜ、個人番号という住民票コードとは別の番号を
　　　　新たに生成するのですか。………………………………69
　　Q4　住民票コードが変更された場合、個人番号も変更さ

	れるのですか。・・・・・・・・・・・・・・・・・・・・・・・・・・・・・・・・・・・70	
Q5	死亡者にも個人番号は付番されるのですか。・・・・・・・・71	
Q6	外国人にも付番されるのですか。・・・・・・・・・・・・・・・・・・72	
Q7	個人番号は変更できるのですか。・・・・・・・・・・・・・・・・・73	
Q8	個人番号が付番された後、海外への転出、海外からの転入を繰り返した場合、以前に付番された個人番号は引き継がれるのですか。・・・・・・・・・・・・・・・・・・・・74	
Q9	個人番号はどのような分野で利用されるのですか。・・75	
Q10	医療情報等の機微な個人情報については、今回の番号法の対象になっていないのですか。・・・・・・・・・・・・・・・79	
Q11	個人番号を民間でも広く「独自」利用できるようにしないのはなぜですか。・・・・・・・・・・・・・・・・・・・・・・・・・80	
Q12	民間企業で個人番号を利用するのはどのような場合でしょうか。・・・・・・・・・・・・・・・・・・・・・・・・・・・・・・・・・・・・81	
Q13	個人番号導入のスケジュールはどのようになっているのですか。・・・・・・・・・・・・・・・・・・・・・・・・・・・・・・・・・・・82	
Q14	番号制度については、個人情報やプライバシーの侵害を心配する声がありますが、対策は大丈夫でしょうか。・・・84	
Q15	アメリカや韓国では、成りすまし被害が発生して問題になっていると聞きますが、日本の番号制度では、そのような問題は起こらないように配慮されていますか。・・86	
Q16	情報提供ネットワークシステムとは何ですか。また、その具体的な仕組みはどのようなものですか。・・・・・・87	
Q17	マイ・ポータルとは何ですか。何ができるようにな	

目　次

　　　　　るのですか。・・・・・・・・・・・・・・・・・・・・・・・・・・・・・・・・・ 90
Q18　個人番号カードはなぜ必要なのですか。また、どのようなことが記載されますか。・・・・・・・・・・・・・・・ 91
Q19　個人番号の通知に使われる通知カードとはどういうものですか。また、個人番号カードとは何が違うのですか。・・・・・・・・・・・・・・・・・・・・・・・・・・・・・・・・・ 93
Q20　通知カード及び個人番号カードは国民全員へ交付されるのでしょうか。・・・・・・・・・・・・・・・・・・・・・・・・ 94
Q21　個人番号カードはどのように取得するのでしょうか。・・ 95
Q22　外国人は個人番号カードを取得することができるのでしょうか。・・・・・・・・・・・・・・・・・・・・・・・・・・・・・・ 96
Q23　個人番号カードの有効期間はどうなるのでしょうか。・・ 97
Q24　個人番号カードの成りすまし取得については、どのように防止するのでしょうか。・・・・・・・・・・・・・・・ 98
Q25　個人番号を利用できない事業者が、個人番号カードの身分証明書機能を利用する際、個人番号カードの券面に記載されている個人番号を見ることや、コピーをとること、個人番号をメモすることは、番号法に違反するのでしょうか。・・・・・・・・・・・・・・・・・・・・・ 99
Q26　現行の住民基本台帳カード、公的個人認証サービスから新たな個人番号カードへの移行は、具体的にどのように行うのでしょうか。・・・・・・・・・・・・・・・・ 101
Q27　個人番号カードのICチップを活用することはできるのでしょうか。・・・・・・・・・・・・・・・・・・・・・・・・・ 102
Q28　現行の住民基本台帳カードの独自利用サービスについてはどのようになるのでしょうか。・・・・・・・・・・ 103

v

Q29 現在、住民基本台帳カードを用いて証明書類のコンビニ交付が行われていますが、個人番号カードになるとどう変わるのでしょうか。……………… 104

Q30 通知カードや個人番号カードの券面記載事項が変更された場合、カードはそのまま使用できるのでしょうか。……………………………………………… 105

Q31 特定個人情報保護委員会とは何ですか。………… 106

Q32 特定個人情報保護評価とは何ですか。…………… 107

Q33 現行の個人情報保護法制と比べて、番号法の罰則は強化されているようですが、具体的にどのようになっていますか。………………………………… 108

Q34 法人番号はどのような内容のものですか。また、なぜ必要なのですか。………………………………… 109

Q35 番号制度導入の費用対効果は、どのように見込んでいますか。…………………………………………… 110

2 住民基本台帳法改正のQ&A ……………… 111

Q1 住民基本台帳法の改正内容はどのようなものでしょうか。……………………………………………………… 111

Q2 住民基本台帳法の改正の施行時期はどのようになっていますか。……………………………………… 113

Q3 現行の住民基本台帳ネットワークシステムはどのように役立っているのでしょうか。また、社会保障・税番号制度の導入に伴い、その役割はどのように変わるのでしょうか。………………………………… 115

Q4 個人番号を住民票記載事項とするのはなぜでしょう

　　　　か。・・ 117
　　Q 5　住民票の写し等の交付制度における個人番号の取扱い
　　　　はどのようになっているのでしょうか。・・・・・・・・・・ 118
　　Q 6　社会保障・税番号制度導入後、住民票コードの役割
　　　　はどのようになるのでしょうか。・・・・・・・・・・・・・・・ 119
　　Q 7　今回、住民票コードを変換して新たに個人番号が付番
　　　　されることになりますが、将来的にも住民票コードと
　　　　個人番号の２つの番号を持つこととなるのですか。・・・・ 120
　　Q 8　個人番号を本人確認情報に位置付けるのはなぜで
　　　　しょうか。・・・・・・・・・・・・・・・・・・・・・・・・・・・・・・・・・ 121
　　Q 9　指定情報処理機関制度を廃止するのはなぜでしょう
　　　　か。・・・・・・・・・・・・・・・・・・・・・・・・・・・・・・・・・・・・・・・ 122
　　Q10　社会保障・税番号制度導入後、住民基本台帳カード
　　　　はどうなるのでしょうか。・・・・・・・・・・・・・・・・・・・ 123
　　Q11　住民基本台帳カードに関する制度の廃止後、すでに
　　　　発行された住基カードの取扱いはどのようになるの
　　　　でしょうか。・・・・・・・・・・・・・・・・・・・・・・・・・・・・・・・ 124
　　Q12　今回、住民基本台帳法別表に追加される事務はどの
　　　　ようなものでしょうか。・・・・・・・・・・・・・・・・・・・・・ 125
　　Q13　住基ネットと社会保障・税番号制度の違いは何でしょ
　　　　うか。・・・・・・・・・・・・・・・・・・・・・・・・・・・・・・・・・・・・ 126

3　公的個人認証法改正のQ&A ・・・・・・・・・・・・・・・・・・・・・ 127
　　Q 1　公的個人認証法の改正内容はどのようなものでしょ
　　　　うか。・・・・・・・・・・・・・・・・・・・・・・・・・・・・・・・・・・・・ 127
　　Q 2　新設する「電子利用者証明」の内容はどのようなもの

	でしょうか。・・・・・・・・・・・・・・・・・・・・・・・・・・・・・・・・・	128
Q3	署名用電子証明書を活用すれば、利用者証明用電子証明書の機能を担うことができるのではないでしょうか。・・・・・・・・・・・・・・・・・・・・・・・・・・・・・・・・・・・・・・	129
Q4	利用者証明用電子証明書による本人確認はどのようにして行うのでしょうか。・・・・・・・・・・・・・・・・・・・	130
Q5	マイ・ポータルのログインは、公的個人認証サービスの電子証明書を利用するため、安全であるとのことですが、どのように安全なのでしょうか。・・・・・・・	131
Q6	電子証明書を個人番号カード以外の電磁的記録媒体に格納できるようにすることは考えられますか。・・・・	132
Q7	どうして行政機関等に限定していた署名検証者の範囲を拡大するのですか。・・・・・・・・・・・・・・・・・・・・・	133
Q8	どのような事業者が署名検証者として認定されるのでしょうか。・・・・・・・・・・・・・・・・・・・・・・・・・・・・・・	134
Q9	公的個人認証サービスの活用が認められた民間事業者であれば、個人の4情報（氏名、住所、生年月日及び性別）が変更された場合、最新の4情報が自動的に提供されるようになるのでしょうか。・・・・・・・・・	135
Q10	電子証明書の発行手続が簡素化されるとのことですが、どのように変わるのでしょうか。・・・・・・・・・・・・・	136
Q11	電子証明書の有効期間はどのようになるのでしょうか。	137
Q12	電子証明書の発行には年齢による制限があるのでしょうか。・・・・・・・・・・・・・・・・・・・・・・・・・・・・・・・・・・	138
Q13	電子証明書によって個人番号を証明することはできるのでしょうか。・・・・・・・・・・・・・・・・・・・・・・・・・・・	139

4　機構法のQ&A ………………………………… 140
　Q1　地方共同法人を設立する意義は何でしょうか。 …… 140
　Q2　地方共同法人としての機構の運営の仕組みは、財団法人とどのように異なるのでしょうか。………… 142
　Q3　地方公共団体情報システム機構に置かれる代表者会議、経営審議委員会、執行機関はどのように運営されるのでしょうか。また、当該機構のガバナンスはどのようなものとなるのでしょうか。………… 143
　Q4　機構はどのような業務を行うことになるのでしょうか。………………………………………………… 144
　Q5　地方公共団体情報システム機構に対する国の関与とはどのようなものがあるのでしょうか。………… 145
　Q6　地方公共団体情報システム機構のガバナンス及び財政運営面（費用負担）において国の関与はどのように変わるのでしょうか。………………………… 146

資料編

資料1　平成22年度税制改正大綱（抄）……………………… 148
資料2　「社会保障・税に関わる番号制度に関する検討会」を開始‥ 150
資料3　社会保障・税に関わる番号制度に関する検討会
　　　　中間取りまとめ……………………………………… 151
資料4　社会保障・税に関わる番号制度に関する実務検討会の
　　　　開催について……………………………………… 158
資料5　「社会保障・税に関わる番号制度に関する検討会

　　　　　　中間取りまとめ」に対する意見募集（パブリックコ
　　　　　　メント）の結果について・・・・・・・・・・・・・・・・・・・・・・・・・・・159
資料6　社会保障・税に関わる番号制度に関する実務検討会中
　　　　間整理（概要）・・・・・・・・・・・・・・・・・・・・・・・・・・・・・・・・・・166
資料7　社会保障改革の推進について・・・・・・・・・・・・・・・・・・・・168
資料8　平成23年度税制改正大綱（抄）・・・・・・・・・・・・・・・・・170
資料9　社会保障・税に関わる番号制度についての基本方針（概要）
　　　　―主権者たる国民の視点に立った番号制度の構築―・・・・172
資料10　ワーキンググループの設置について・・・・・・・・・・・・・・176
資料10-2　個人情報保護ワーキンググループ及び情報連携基盤
　　　　技術ワーキンググループの開催について・・・・・・・・・・177
資料11　社会保障・税番号要綱（概要）・・・・・・・・・・・・・・・・・・182
資料12　社会保障・税番号大綱（概要）①基本的な考え方・・・184
　　　　社会保障・税番号大綱（概要）②（法整備）・・・・・・・・186
資料13　社会保障・税番号制度の法律事項に関する概要の要点　189
資料14　第180回国会提出法案からの修正の概要・・・・・・・・・・193
資料15　衆議院における修正の概要・・・・・・・・・・・・・・・・・・・・・・195

第1章

個人番号法等関連4法の制定までの経緯と制度の概要

第1節 個人番号法等関連4法の制定までの経緯

1 政権交代及び検討会における「中間とりまとめ」

　平成21年8月30日、民主党による政権交代が実現、第172回国会において発足した鳩山内閣は、マニフェストに掲げた政策の実現を目指して政権を運営することとなった。「民主党の政権政策Manifesto 2009」においては、「所得の把握を確実に行うために、税と社会保障制度共通の番号制度を導入する」とされており、「平成22年度税制改正大綱」（平成21年12月22日）（資料1⇨148頁参照）では、「社会保障・税共通の番号制度の導入を進めます」と明記され、また、政府の検討担当部局としては民主党政権の目玉として設置される「内閣官房国家戦略室を中心に、府省横断的に検討を行うこととします」とされた。担当大臣は、平成22年1月6日までは菅副総理兼国家戦略担当大臣、同月7日以降は仙谷国家戦略担当大臣であった。

　これを受けて、平成22年2月5日に、政府一体となって社会保障及び税に関わる番号制度の導入を検討するため、内閣官房国家戦略室を事務局として、「社会保障・税に関わる番号制度に関する検討会」が設置された。同検討会は、会長が内閣総理大臣、副会長が内閣官房長官、国家戦略担当大臣、内閣府特命担当大臣（経済財政政策）、総務大臣、財務大臣、厚生労働大臣、公務員制度改革担当大臣、事務局長が国家戦略室長であった（資料2⇨150頁参照）。

　同検討会においては、関係省庁からの説明、有識者ヒアリング、副大臣級懇談会を経て、第6回目の会合（平成22年6月29日）で「中間とりまとめ」（資料3⇨151頁参照）を行い、番号制度における選

択肢を公表した。この検討の過程で、原口総務大臣が以下の「番号に関する原口五原則」（平成22年3月15日）を発表した。

> I　国民の権利を守るための番号であること【権利保障の原則】
> II　自らの情報を不正に利用・ストックされず、確認・修正が可能な、自己情報をコントロールできる仕組みであること【自己情報コントロールの原則】
> III　利用される範囲が明確な番号で、プライバシー保護が徹底された仕組みであること【プライバシー保護の原則】
> IV　費用が最小で、確実かつ効率的な仕組みであること【最大効率化の原則】
> V　国と地方が協力しながら進めること【国・地方協力の原則】

「中間とりまとめ」においては、「国民の権利を守るための番号」に向けて、次の3つの視点からの選択肢が記載された。

〈選択肢I〉

> 利用範囲をどうするか（国民にとっての「メリット」と「リスク・コスト」からの選択）

　A案（ドイツ型）‥‥税務分野のみで利用
　B案（アメリカ型）‥税務＋社会保障分野で利用
　B-1案‥‥税務分野、社会保障の現金給付に利用
　B-2案‥‥税務分野、社会保障の現金給付、社会保障情報サービスに利用

C案（スウェーデン型）···幅広い行政分野で利用
税務分野、社会保障の現金給付、社会保障情報サービス、役所の各種手続に利用

　選択肢Ⅰについては、A案からC案になるにつれて、利用範囲が広がり、国民にとってのメリット（利便性）が大きくなるのであるが、同時に、A案からC案になるにつれて、情報管理の「リスク・コスト」も大きくなることに留意する必要がある。

〈選択肢Ⅱ〉

制度設計をどうするか（正確性・安全性からの選択）

◎番号に何を使うか
　・基礎年金番号（国民全員に付番されてなく、重複がある。プライバシー保護上の問題がある。）
　・住民票コード（プライバシー保護上の問題がある。）
　・新たな番号〈住基ネットを活用し、新たに付番〉（問題少ない。）

◎情報管理をどうするか
　・一元管理方式〈各分野の番号を一本に統一し、情報を一元的に管理〉（プライバシー侵害の懸念が大きい。情報漏れの被害が大きい。）
　・分散管理方式〈情報を各分野で分散管理、番号を活用して連携〉（プライバシー侵害の懸念、情報漏れの被害が小さい。）

　選択肢Ⅱについては、最小の費用で、確実かつ効率的な仕組みを構

築する必要がある。

〈選択肢Ⅲ〉

> 保護の徹底をどうするか（プライバシー保護からの選択）

◎国民自らが情報活用をコントロールできる
・自己情報へのアクセス記録を確認できる仕組を整備する。
・プライバシー保護を任務とする「第三者機関」を設置する。

◎「偽造」「なりすまし」等の不正行為を防ぐ
・「ICカード」を導入して、確実な本人確認を実現する。
・各主体のセキュリティ設計強化を図る。

◎「目的外利用」を防ぐ
・法令により「目的外利用」を規制

　また、「中間とりまとめ」においては、「番号」の導入に係る費用・期間として、「一定の前提を置いた粗い試算」が示されている。この「粗い試算」の中には、海外事例や個別分野における過去のシステム改修費用等を参考とし、それと同程度の開発・改修が必要となる等という仮定に基づいて試算したものもあり、制度設計がまだ存在しない中でさしあたっての仮置き数値に過ぎなかったものである。
　しかしながら、本数値を加算した最大値が約６千億円となることから、その後長く「番号制度の導入に係る初期費用は６千億円」と言われることとなった。

2　パブリックコメント及び実務検討会における「中間整理」

　平成22年6月に菅内閣が成立したが、上記の「中間とりまとめ」は、番号制度の推進を主導する菅総理の下で発表されたものである。これを受けて、荒井国家戦略担当大臣所管の内閣官房国家戦略室では、上記に記した選択肢について、同年7月16日から8月16日までの約1か月間、国民から意見募集（パブリックコメント）を行った。

　平成22年9月14日、菅民主党代表は再選され、同月17日に菅第一次改造内閣が発足した。この間、番号制度の所管について内閣官房の中で調整が行われ、同年10月28日の内閣総理大臣を本部長とする政府・与党社会保障改革検討本部の発足に伴い、番号制度の所管も内閣官房国家戦略室から新設の内閣官房社会保障改革担当室に移行し、仙谷官房長官の所管とされた。

　平成22年11月9日、上記の政府・与党社会保障改革検討本部の下に、座長を内閣官房長官（その後、社会保障・税一体改革担当大臣を経て、社会保障・税番号制度を担当する国務大臣）とし、各府省副大臣等を構成員として、番号制度の導入を実務的に検討する「社会保障・税に関わる番号制度に関する実務検討会」（以下「実務検討会」という。）が発足し（**資料4**⇨158頁参照）、民主党政権終了時までに14回の会合を開催した。

　平成22年11月11日に開催された実務検討会の第1回会合では、上記の意見募集（パブリックコメント）に対して寄せられた意見について紹介（**資料5**⇨159頁参照）され、意見交換を行った上で、同年12月3日の第2回会合において、「中間整理」の案をまとめた（**資料6**⇨166頁参照）。中間整理は、Ⅰ総論、Ⅱ各論、Ⅲ今後の検討方針、から構成されており、総論では、番号制度導入の背景として、次のと

おり記述されている。

> 「現状においては、所得の把握や制度をまたがった事務を行う場合などにおいて、複数の機関に存在する個人の情報を同一人の情報であるということの確認（いわゆる"名寄せ"）を行うための基盤が存在しない。このため、ともすれば誤った情報が特定個人の情報として把握されてしまうおそれがあり、所得の把握等において、的確かつ効率的な制度運営を行う上での支障となっている。
>
> 具体的には、所得の申告漏れを防止するために税務署に提出される法定調書（取引情報）のうち、名寄せが困難なものについては活用に限界がある、より正確な所得・資産の把握に基づく柔軟できめ細やかな社会保障制度・税額控除制度の導入が難しい（所得比例年金や給付付き税額控除など）、長期間にわたって個人を特定する必要がある制度の適正な運営が難しい（年金記録の管理など）、医療保険などにおいて関係機関同士の連携が非効率（旧保険証利用者を原因とした過誤調整事務等）、養子縁組による氏名変更を濫用された場合に個人の特定が難しい、など様々な課題が生じている。」

その上で、上記のパブリックコメントを踏まえ、Ⅲ今後の検討方針において、「目指す方向性」として、次のとおりとした。

> まず、選択肢Ⅰ「利用範囲をどうするか」については、C案スウェーデン型（幅広い行政範囲で利用）を選択する意見が意見総数の約半数を占めたことを重視しつつ、一方では現在番号制度が

第1章 個人番号法等関連4法の制定までの経緯と制度の概要

存在しない我が国において一足飛びにC案を採用することは極めて困難であることから、「幅広い行政分野」（C案）での利用を視野に入れつつ、まずは「税＋社会保障分野」（B案）から開始することとした。

さらに、B案のうち、B-1案アメリカ型（税務分野＋社会保障（現金給付）で利用）とするか、B-2案アメリカ型（税務分野＋社会保障（現金給付＋現物給付）で利用）とするかという選択肢については、B-2案を採用することとした。

これは、例えば、全国の各地方公共団体で広く行われている乳幼児医療費助成を考えた場合、現物給付（窓口での医療費の支払いを要せず、結果的に医療行為を支給されたこととなるもの）で行っている地方公共団体と、現金給付（窓口でいったん医療費の支払いを要し、後日償還払いを受けるもの）で行っている地方公共団体とがあり、現金給付を行っている地方公共団体のみ番号利用を可能とすると、実務において大きな支障が生じることも考慮したものである。

選択肢Ⅱ(1)「番号に何を使うか」については、新しい番号を選択する意見が意見総数の約半数を占めたことを踏まえ、「住基ネットを活用した新たな番号」とした。

なお、住民票コードそのものを「番号」（見える番号）にすることの可否については、次のような議論があった。

第一に、住民票コードは、導入の経緯等から、番号制度で想定しているマイナンバーの「民－民－官」での利用が禁止されており、運用の大幅な改変が必要になること。

第二に、国民の多くは自分自身の住民票コードを知らないため、住

第1節　個人番号法等関連４法の制定までの経緯

民票コードを利用する場合であっても、新たな番号を利用する場合と同様に周知費用が必要になるものと考えられること。

　第三に、多くの有識者から、情報連携に当たっては、連携キーとなる識別子としてはマイナンバーを用いず、情報連携基盤と一の情報保有機関のみが保有する連携符号を用いて行う方が、情報セキュリティやプライバシー保護の観点から優れているとの指摘がなされたこと。

　ちなみに、上記の「社会保障・税に関わる番号制度に関する検討会」の第３回会合（平成22年３月15日）においては、オーストリアの番号制度が紹介されている。すなわち、オーストリアにおいては、各地方公共団体が登録業務を維持管理しているCRR番号（住民登録番号）から暗号技術を用いて、個人認証の基礎となる符号（ソースPIN）を生成、発行する方式により、各分野がそれぞれ異なる符号によりデータ連携を行い、その「異なる符号」の生成源として、データ連携に直接用いない住民登録番号を活用することとしており、我が国の番号制度の設計に当たってもこの方式が参考にされたものである。

　いずれにしても、住民票コードはマイナンバーや情報連携を行うための連携符号を生成するための基礎的な番号として利用することとし、マイナンバーや連携符号が役割分担を持つことにより、国民が安心して利用できる番号制度の構築が可能となるものである。

　　選択肢Ⅱ(2)「情報管理をどうするか」については、分散管理方式が過半数を占めたことを踏まえることとした。ただし、意見の中で、情報管理を①データベースの一元管理か分散管理か、②番号の一元管理か分散管理か（すなわち、共通番号とするのか分野

ごとの別番号とするのか）という論点があり、分けて考えることとした。

　その上で、設問の情報管理方式とは、①データベースの管理方式を念頭に置いて回答した意見が大多数であったことから、「データベース」については、現在の各行政機関等ごとの情報保有を前提とする分散管理方式とすることを前提に検討することとした。

　また、「番号」については、プライバシー保護、コスト等に鑑み、一元管理又は分散管理とすべき具体的分野について今後検討することとした。

　選択肢Ⅲ「プライバシーの保護をどうするか」については、①「国民自らが情報活用をコントロールできる」、②「「偽造」「なりすまし」等の不正行為を防ぐ」、③「「目的外利用」を防ぐ」と、全体としてどれも必要という意見が大勢であったため、でき得る限りの個人情報保護施策をとるべしとの方向となった。

　具体的には、最低限、「自己情報へのアクセス記録の確認」、「第三者機関の設置」、「目的外利用防止に係る具体的法原則明示」、「関係法令の罰則強化」を実施する方向で検討することとした。

このほか、次の３点について、論点ないし目指す方向性が掲げられた。

第一に、付番機関については、①歳入庁、②内閣府、③総務省、④国税庁、⑤厚生労働省等が候補に挙げられたが、目指す方向性としては、社会保障制度や税制の改革の方向性に照らして、「まずはどの既存省庁の下に設置すべきか」について検討することとした。

第二に、地方公共団体、日本年金機構、医療保険者等の機関の実情

第1節　個人番号法等関連4法の制定までの経緯

を踏まえた連携を行うこととした。

　第三に、制度導入に係る費用、期間については、費用は制度設計の仕方によって異なるものであり、期間は少なくとも3～4年の準備期間が必要と指摘された。

　なお、同日の実務検討会第2回会合においては、併せて「社会保障・税に関する番号制度の今後の検討スケジュール」が示され、平成22年12月に「社会保障改革検討本部　中間とりまとめ」、平成23年1月に「『基本方針』の決定」、同年3月～4月に「『要綱』の策定」、同年6月に「『社会保障・税番号大綱(仮称)』の策定」、同年秋以降に「可能な限り早期に法案提出」とされた。

　これは、当時、番号制度のできるだけ早い実現を強く望む声が政府・与党内にあり、これに応えるため、「中間とりまとめ」、「基本方針」、「要綱」、「大綱」という数次の決定を迅速に、かつ、段階を追って行うことにより、番号制度の検討の進捗を明らかにするとともに、実現に向けてより具体的に内実化した制度設計を行うことをもって、できるだけ早期の法案策定・国会提出を可能とすることを企図したものである。

　この実務検討会による中間整理の取りまとめ等を受けて、平成22年12月14日に、「社会保障改革の推進について」が閣議決定された。この中では、「社会保障改革に係る基本方針」と併せて、「社会保障・税に関わる番号制度について」(資料7⇨168頁参照)と題し、以下の決定がなされた。

○社会保障・税に関わる番号制度については、幅広く国民運動を展開し、国民にとって利便性の高い社会が実現できるように、

国民の理解を得ながら推進することが重要である。
○このための基本的方向については、社会保障・税に関わる番号制度に関する実務検討会の中間整理において示されており、今後、来年1月を目途に基本方針をとりまとめ、さらに国民的な議論を経て、来秋以降、可能な限り早期に関連法案を国会に提出できるよう取り組むものとする。

　上記閣議決定の2日後の平成22年12月16日に「平成23年度税制改正大綱」(**資料8**⇨170頁参照)が策定されたが、納税環境整備の一環として、社会保障・税に関わる番号制度について、次のとおり言及されている。

　「税務面において番号制度を活用するには、①各種の取引に際して、納税者が取引の相手方に番号を「告知」すること、②取引の相手方が税務当局に提出する法定調書及び納税者が税務当局に提出する納税申告書に番号を「記載」すること、が必要となります。これにより税務当局は、法定調書と納税申告書の情報を、番号をキーとして名寄せ・突合することが可能となります。
　その前提として、番号は、少なくとも、①国民一人一人に一つの番号が付与されていること、②納税者が取引の相手方に告知できるよう、民―民―官の関係（筆者注：例えば、A社からB個人に報酬が支払われた場合、B個人が得た報酬を国・地方が把握するには、B個人の番号が記載された支払調書が、A社から国・地方に提出される必要がある。そのため、B個人は、自身の番号をA社に対して示さなければならない。この意味で、番号はB個人（民）→A社（民）→国・地方（官）と利用されるものである。）

で利用でき、また、目で見て確認できること、③常に最新の住所情報と関連付けられていること、という条件を満たす必要があります。

　税務面において、番号制度がこのような役割を果たしていけるよう、実務検討会での議論と並行して、①法定調書の拡充、②税務当局への提出資料の電子データでの提出の義務付け、③税務行政における電子化の推進と情報連携の効率化、等の課題について積極的に検討を進めます。また、制度全体についての議論の進捗状況を踏まえ、①法定調書への正確な番号記載の確保策、②税務情報についてのプライバシー保護の徹底策、といった課題についても検討を進めます。

　なお、検討に当たっては、番号を利用しても事業所得や海外資産・取引情報の把握には限界があることについて、国民の理解を得ていく必要があります。」

3 基本方針

　平成23年1月14日、菅第二次改造内閣が発足し、社会保障・税一体改革担当大臣が新設され、与謝野大臣がその職に就任した。与謝野大臣を座長とする実務検討会の第4回会合（平成23年1月28日）において、上記の「社会保障改革の推進について」の閣議決定に沿って、「社会保障・税に関わる番号制度についての基本方針」（以下「基本方針」という。）案が取りまとめられた（資料9⇨172頁参照）。

　基本方針は、平成22年12月に取りまとめられた中間整理を受けて、政府が構築する番号制度の基本的な骨格を示したものである。以下、そのポイントについて示すこととする。

(1) 番号制度の理念・実現すべき社会

　基本方針においては、サブタイトルに「主権者たる国民の視点に立った番号制度の構築」と記しているが、番号制度の理念・実現すべき社会を以下のとおり5点に整理して明記することとした。

① より公平・公正な社会
② 社会保障がきめ細やか且つ的確に行われる社会
③ 行政に過誤や無駄のない社会
④ 国民にとって利便性の高い社会
⑤ 国民の権利を守り、国民が自己情報をコントロールできる社会

　番号制度は、国民が上記の理念の下で国や地方公共団体等のサービスをよりよく利用するために導入される手段であるが、その前提としては、国や地方公共団体等が国民一人一人の情報をより的確に把握する必要がある。したがって、基本方針において、番号制度は、「国民

と国・地方公共団体等との新しい信頼関係を築く絆」と位置付けることとした。

(2) 番号制度の構成要素

番号制度に必要な要素を①付番、②情報連携、③本人確認の３つの仕組みとして整理することとした。これは、番号制度が単に付番をするだけではなく、その情報を相互に活用する仕組みを設けることを意味し、また、付番においても、情報連携においても、利用者が本人であり、かつ、その「番号」が真正なものであることを確認する必要があることを意味するものである。さらに、電気通信回線を通じて行うこととなる情報連携においては、本人確認のための公的認証の仕組みが必要であることも明記することとした。

(3) 付番の方針

付番対象となる個人は、住民票コードの付番履歴を有する日本国民及び中長期在留者、特別永住者等の外国人住民とし、個人に対する付番及び情報連携基盤を担う機関の所管は、総務省とされた。また、付番対象となる法人は、商業・法人登記の申請にかかる会社法人等番号を有する法人のほか、法人税の納税義務を有する人格なき社団、その他付番機関の長が適当と判断したものとし、法人に対する付番を担う機関の所管は、国税庁とされた。

(4) 「番号」の共通化

番号制度として新たに導入される「番号」を本人が利用できる分野は、国民の利便性、導入コスト、プライバシー保護等を勘案しつつ、年金、医療、福祉、介護、労働保険の各社会保障分野、国税及び地方

税の各税務分野とされた。また、その際、現在、各分野で利用されている既存の番号は、当分の間、並存するものとされた。

　中間整理においては、「番号」については、プライバシー保護、コスト等に鑑み、一元管理又は分散管理とすべき具体的分野について今後検討することとされたが、①番号制度の検討の出発点となった民主党のマニフェストにおいて、「税と社会保障制度共通の番号制度を導入」とされていること、②「番号」を共通化しない場合には、すべての分野でバラバラの番号となり、数が多くなりすぎて不便・混乱を招くこと、③「番号」を共通化しない場合には、社会保障と税の一体性が不明確となりがちなこと、等の点から、見える「番号」は広く社会保障・税の分野において共通のものを利用できることとしたものである。

　実際、検討の過程においては、国民の利便性を考えて番号を統一すべしとの意見があり、例えば、1枚のICカードの提示により、年金手帳、医療保険証、介護保険証等を提示したものとみなすとすれば、「番号」が共通化していない場合には、券面に多くの「番号」を記載する必要が生じ、国民にとって使いにくく、「番号」記入の際に誤りが多発することも懸念された。

　一方、中間整理においては、「番号」の共通化に対する懸念として、①既存の番号をできる限り有効に活用して導入コストを抑えることが難しいこと、②プライバシー保護の要請が強い分野の「番号」を他分野と一元化するのは望ましくないこと、が挙げられていたが、①については、上記のとおり、現在各分野で利用されている既存の番号を並存することで、番号入替えの場合に生じるコストを不要とし、②については、プライバシー保護の要請が強い分野にあっては別の「番号」を使用することも妨げないこととして対処することとした。

(5) 情報連携

　当面の情報連携の範囲は、「番号」を利用できる分野と同じく、年金、医療、福祉、介護、労働保険の各社会保障分野と国税・地方税の各税務分野とされた。

　また、番号制度構築に当たっては、各機関間の情報連携は情報連携基盤（複数の機関において、各機関ごとに「番号」やそれ以外の番号を付して管理している同一人の情報について、国民ID制度で検討されている紐付けの方法（国民IDコード）を用いて、それぞれを紐付けし、紐付けられた情報を相互に活用するための仕組みをいう。）を通じて行わせることにより、情報連携基盤がデータのやり取りの承認やアクセス記録の保持を行い、国民が自己情報へのアクセス記録を確認できるようにするなど、個人情報保護に十分配慮した仕組みとすることとした。

　さらに、政府の高度情報通信ネットワーク社会推進本部（以下「IT戦略本部」という。）で国民ID制度が検討されていることを踏まえ、番号制度の情報連携基盤がそのまま国民ID制度の情報連携基盤となり、将来的に幅広い行政分野や、国民が自らの意思で同意した場合に限定して民間のサービス等に活用する場面においても情報連携が可能となるようセキュリティに配慮しつつシステム設計を行うこととされた。

　番号制度と国民ID制度との関係については長らく議論されてきたが、ここでは、番号制度は、①付番、②情報連携、③本人確認の3つの仕組みからなる、より公平な社会保障制度の基盤となるものであり、他方、国民ID制度は、「新たな情報通信技術戦略」に基づき検討されてきたデータ連携を可能とする電子行政の仕組みである、と整理した。

その上で、番号制度の導入により、社会保障及び税に関わる行政機関間のデータ連携については、情報連携基盤により実現することとなり、国民ID制度では、さらに、情報連携基盤を活用し、幅広い行政分野や官一民による連携も視野に入れており情報連携基盤の設計に当たっては、将来的に国民ID制度で活用されることも念頭に、拡張性を担保することとされた。

⑹　本人確認

「番号」を利用する際、利用者が「番号」の持ち主本人であることを証明するための本人確認（公的認証）の仕組みを構築するため、既存のシステムである公的個人認証及び住民基本台帳カードを番号制度の導入に合わせて改良し、活用することにより、本人確認を行うこととした。

⑺　マイ・ポータル

国民一人一人が自己情報へのアクセス記録を確認するとともに、行政機関等からの情報提供によりサービスを受けられるよう、インターネット上にマイ・ポータルを設置することとし、その際、個人情報保護に配意しつつ、民間サービスの活用も視野に検討することとした。

なお、マイ・ポータルの設置は、上記の「理念・実現すべき社会」の5点目で示した「国民の権利を守り、国民が自己情報をコントロールできる社会」を具現化するための手段となるものである。

⑻　個人情報保護

個人情報保護の方策としては、中間整理で掲げた各論点に加えて、

番号制度を利活用する各システムの構築に当たり、問題点を回避又は緩和するための変更を促すことを目的として、「プライバシーに対する影響評価」の実施とその結果の公表を行う仕組みについて検討することを明記した。

(9) その他の論点

① 番号制度について国民各層の納得と理解が得られるよう、番号制度創設推進本部を設置し、民間団体と協力しながら番号制度の創設を推進することとし、具体的には、政府広報を積極的に実施し、中央・地方の各界各層の協力を得て平成23年度及び平成24年度の2か年をかけて全国47都道府県で番号制度に関するシンポジウムを行うこととし、これを実行した。

② 平成22年12月から平成23年1月にかけて、全国知事会・全国市長会・全国町村会に対して、番号制度の利用場面等について意見を照会し、回答を得たところであるが、地方に出向いて説明の場を数多く設けるなど、地方公共団体等の実情も踏まえながら、番号制度の実現に向けて議論・検討を進めていくこととされた。

③ 実務検討会及びIT戦略本部企画委員会の下に、「個人情報保護ワーキンググループ」（以下「個人情報保護WG」という。）と「情報連携基盤技術ワーキンググループ」（以下「情報連携基盤技術WG」という。）等を設置することとした（資料10⇨176頁参照）。

④ 今後のスケジュールについては、この時点では、中間整理で示した法案策定までのスケジュールに加え、番号制度の導入時期として、今後検討が進められる制度設計や法案の成立時期により変わりうることを前提に、平成26年1月第三者機関設置、同年

6月全国民に「番号」配布（ICカードについては、確実な本人確認の実施や国民の利便性の向上を図る観点から、導入コストも勘案しつつ、国民への配布を検討）、平成27年1月税務分野等のうち可能な範囲で利用開始、以後段階的に利用範囲を拡大することとされた。

　基本方針については、平成23年1月31日に開催された政府・与党社会保障改革検討本部において決定され、これと併せて、上記1の方針に基づき、番号制度創設推進本部が設置された。これは、社会保障・税に関わる番号制度については、幅広く国民運動を展開し、国民にとって利便性の高い社会が実現するように、国民の理解を得ながら推進することが重要であることから設置されるものである。
　番号制度創設推進本部の構成員は、政府・与党社会保障改革検討本部の構成員とし、本部長である内閣総理大臣の下、社会保障・税一体改革担当の国務大臣が主宰することとされた。

4　個人情報保護WG・情報連携基盤技術WG

　基本方針の決定を受けて、政府では、その具体化を図るため、3(9)③のとおり、実務検討会及びIT戦略本部企画委員会の下に、個人情報保護WG及び情報連携基盤技術WGを平成23年2月に設置した（**資料10-2⇨177頁参照**）。なお、両ワーキンググループの下には、情報連携基盤技術サブワーキンググループ、社会保障分野サブワーキンググループ（以下「社会保障分野SWG」という。）が置くこととされた。

(1) 個人情報保護WG

　個人情報保護WGについては、平成23年2月7日の第1回会合において、基本論点を示し、番号制度等に対する国民の懸念は何か、想定される危険や防止すべき行為は何か、その他中間整理・基本方針で掲げられた論点を改めて指摘した。

　平成23年2月23日の第2回会合では、石井夏生利委員・小向太郎委員より骨格案の提出があり、番号制度に対する国民の懸念を、

① 　国家による国民の監視・監督についての懸念
② 　プライバシーの侵害についての懸念
③ 　財産的被害の発生についての懸念

の3点に整理した。

　また、番号制度に係る個人情報保護方策を考える上でのポイントとして、①これが現行の個人情報保護法制の言わば特別法に位置付けられるものであることを前提としつつ、②社会保障及び税分野に限定されるものではあるものの、EUデータ保護指令やいわゆるプライバシー・バイ・デザイン等といった国際的な考え方にも配意した上、③住民基本台帳ネットワークシステム（以下「住基ネット」という。）

関連訴訟における最高裁の合憲判決（最判平成20年3月6日）で示された判断の枠組みに適合するものとするのみならず、番号と結び付けられる個人情報にはより秘匿性の高いものが含まれる可能性があることに鑑み、更に高度の安全性を確保し得るものとする必要がある、といった点に留意すべきであるとまとめている。

さらに、第三者機関の法的形式については、「政府からの独立性を確保した上、強力な機能・権限を有することとしつつ、組織としての判断の公正性、中立性をも担保するため、内閣府の外局として置かれる、いわゆる三条委員会（内閣府設置法第49条第3項）とすることとしてはどうか。」と提案している。

平成23年3月18日の第3回会合では、堀部政男座長による試案が示された。この中では、「番号制度について、情報連携基盤を用いることができる事務の種類、提供される個人情報の種類及び提供先等を逐一法律又は法律の授権に基づく政省令に書き込むことで番号制度の利用範囲を特定することとすることが考えられる」などの方針が示された。

平成23年4月1日の第4回会合では、同年4月末に策定される予定の「要綱」に盛り込むべき事項が示され、座長試案についてより法文を意識した形式に整えられている。同年5月18日の第5回会合では、代理や「番号」変更など、残された個別の論点について整理がなされるとともに、アメリカ・韓国における番号自体に係る規制・罰則についても調査した。

そして、平成23年6月2日の第6回会合において、同年6月末に策定される予定の「大綱」に盛り込むべき事項が示され、「要綱に盛り込むべき事項」からさらに詳細に検討した項目を掲載することで、個人情報保護WGとしての一定の結論とした。

(2) 情報連携基盤技術WG

　情報連携基盤技術WGについては、平成23年2月4日の第1回会合において、付番、情報連携、本人確認、マイ・ポータル等についての検討項目を示した。

　平成23年3月4日の第2回会合においては、情報連携基盤技術の骨格案（その1）を示し、まず、「情報連携基盤の構築に当たっては、住基ネットに係る最高裁合憲判決（最判平成20年3月6日）で示された個人情報を一元的に管理することができる機関又は主体が存在しないこと、何人も個人に関する情報をみだりに第三者に開示又は公表されない自由を有することなどの判断枠組みに適合した形で個人情報を取り扱うシステムとすることが必要である。

　さらに、社会保障・税に関わる番号制度及び国民ID制度においては、取り扱う個人情報が、住基ネットの本人確認情報よりも格段に秘匿性の高い社会保障・税に係る情報を中心としており、かつ、住基ネットが行わないこととしているデータマッチングを行うこととするものであることから、より一層高度の安全性を確保することが求められるのではないか。」と問題提起している。その上で、情報連携においては、「見える」「番号」を直接用いず、「見えない」IDコードを用いることとし、各情報保有機関にはリンクコードを付与すること等の諸点について提案した。

　平成23年3月23日の第3回会合においては、情報連携基盤技術の骨格案（その2）を示し、個人の本人確認（マイ・ポータル、ICカード等）について、

> 「住基ネット訴訟に係る最高裁判決に対応するためには、マイ・ポータルにログインするための本人認証は、高いセキュリティレ

ベルに対応できる認証方法とするなど、個人情報保護の観点や情報の一元管理を回避する厳格な仕組みが必要」であり、公的個人認証サービス及び住民基本台帳カードの改良については、「マイ・ポータルにログインするために、①公的個人認証サービスに認証用途を付加すること、②電子証明書の有効期間の延長など公的個人認証サービスの利便性を高めること、③法令等で「番号」を確認することが認められている民間事業者が電子的に本人確認を行うことができるよう署名検証者を民間事業者に拡大すること、④住民基本台帳カードの券面に「番号」を記載することを検討すること等が考えられるのではないか」

等の諸点について提案している。

また、マイ・ポータルの機能は、

① 自己情報へのアクセスログを確認する機能
② 各情報保有機関が保有する自己情報を確認する機能
③ 電子申請を経由する機能（ワンストップサービス）
④ 行政機関等からのお知らせを表示する機能（プッシュ型サービス）

の4点に整理された。

平成23年4月12日の第4回会合においては、情報連携基盤技術の骨格案（その2）等の修正案を示すとともに、ユースケース等を議論した。同年6月7日の第5回会合においては、情報連携の方式等について複数の選択肢を示した論点整理を議論した。なお、同会合においては、佐々木良一座長が「『番号』制度導入に伴って発生

するITリスクに関するフォルトツリー分析」を提出し、この中で、情報保有機関同士による見える「番号」を用いた結託（不正情報マッチング）の可能性について、0.0001回/年と、他のリスクと比べて十分に小さいとの分析を行っている。また、同会合においては、大山永昭座長代理が情報連携の概念整理を行うなど、各委員から意見書やコメント等が多く提出された。また、同年6月30日の第6回会合においては、アクセス記録及びマイ・ポータルについての論点整理を実施した。

これらを踏まえる形で、平成23年7月28日の第7回会合において、「中間とりまとめ」を提示し、情報連携基盤の土台となる部分について一定の方向性を示すことにより、情報連携基盤技術WGとしての一定の結論とした。

なお、この間、平成23年4月19日に個人情報保護・情報連携基盤技術合同ワーキンググループが、同年6月14日に個人情報保護・情報連携基盤技術ワーキンググループ合同座長・座長代理会合が開催され、両WG間の意思の疎通が図られた。

5　各界からの意見聴取等

　実務検討会では、平成23年2月22日の第5回会合において、日本経済団体連合会、経済同友会、日本商工会議所、全国銀行協会、日本証券業協会、生命保険協会、日本損害保険協会から、その翌日の同月23日の第6回会合において、日本医師会、日本歯科医師会、日本薬剤師会、健康保険組合連合会、全国老人福祉施設協議会、日本年金機構、日本弁護士連合会、日本税理士会連合会、日本労働組合総連合会から、同年4月13日の第7回会合において、全国知事会、全国市長会、全国町村会、全国市議会議長会、全国町村議会議長会（全国都道府県議会議長会は日程の調整がつかず資料提出対応）から意見聴取を行った。

6　社会保障・税番号要綱

　実務検討会は、平成23年4月22日の第8回会合において、個人情報保護WG及び情報連携基盤技術WGの検討状況の報告を受けるとともに、「社会保障・税番号要綱」（資料11⇨182頁参照）（以下「要綱」という。）の主要論点について議論、そして、同月28日の第9回会合において要綱の取りまとめに至った。

　要綱は、基本方針及びその後の各関係団体からの意見聴取並びに個人情報保護WG及び情報連携基盤技術WGの検討状況の報告を受けて、2か月後の平成23年6月に公表予定の「社会保障・税番号大綱」に向けた取りまとめの方向性を示したものである。以下、そのポイントについて示すこととする。

(1) 「番号」を利用できる分野の追加

　「番号」を利用できる分野及び情報連携の範囲について、基本方針に示した社会保障分野及び税務分野と並んで、防災分野を加えることとした。これは、平成23年3月11日に東日本大震災という未曾有の大災害が発生し、「番号制度が定着していれば被災者救援及び支援がよりスムースに行えた」との声が被災地からも高まったことによる。したがって、防災福祉の観点からも、番号制度の在り方を検討することとしたものである。

(2) 国民の懸念及び最高裁合憲判決の整理

　個人情報保護WGの検討状況を踏まえ、番号制度の実施に伴う国民の懸念を次表のとおり整理した。

第1章 個人番号法等関連4法の制定までの経緯と制度の概要

懸念の類型	制度上の保護措置	システム上の安全措置
①国家管理への懸念	・第三者機関の監視 ・自己情報へのアクセス記録の確認	・個人情報の分散管理 ・「番号」を用いない情報連携
②個人情報の追跡・突合に対する懸念	・法令上の規制等措置 ・第三者機関の監視 ・罰則強化	・「番号」を用いない情報連携 ・アクセス制御 ・個人情報及び通信の暗号化
③財産的被害への懸念	・法令上の規制等措置 ・罰則強化	・アクセス制御 ・公的個人認証等

　また、住基ネット最高裁判決との関係では、番号制度の要件として、次の6点の要件を充足する必要があると整理し、その対応策について記載した。

① 何人も個人に関する情報をみだりに第三者に開示又は公表されない自由を有すること
② 個人情報を一元的に管理することができる機関又は主体が存在しないこと
③ 管理・利用等が法令等の根拠に基づき、正当な行政目的の範囲内で行われるものであること
④ システム上、情報が容易に漏えいする具体的な危険がないこと
⑤ 目的外利用又は秘密の漏えい等は、懲戒処分又は刑罰をもっ

て禁止されていること
⑥　第三者機関等の設置により、個人情報の適切な取扱いを担保するための制度的措置を講じていること

⑶　「番号」の骨格

　個人に付番する「番号」について、付番・変更・失効・利用範囲・本人確認等・告知義務・告知要求の制限・虚偽の告知の禁止・告知義務等に対する罰則・閲覧等の制限・安全管理措置義務・守秘義務・再委託等の規制・死者の識別情報・「番号」に係る個人情報へのアクセス・アクセス記録・情報保護評価の実施等について、その骨格が記載された。ただし、この中には、その後の検討過程や法制化作業等で規定されなかったり、方針が変更されたりした論点も存在する。

⑷　情報連携の方法及びICカード

　情報連携について、「番号」が「民―民―官」で広く利用される「見える番号」であることから、これを直接、個人を特定する共通の識別子として用いてはならないこと等とするとともに、国民に交付されるICカードについて、現行の住民基本台帳カード（以下「住基カード」という。）、住基ネットや公的個人認証サービス等を活用しつつ認証用途の付加・電子証明書の有効期間の延長・署名検証者の民間拡大・「番号」券面記載等の方針を記載した。

⑸　三条委員会の設置の検討

　番号制度における個人情報の保護等を目的とする委員会について、

いわゆる三条委員会等の設置形態を検討することとし、指導・助言・勧告・命令・報告及び立入検査の実施権限等を有することとした。なお、要綱では、行政機関及び地方公共団体への権限行使については内閣総理大臣を通じて行う場合があることを想定していたが、法制化に際して委員会が直接権限を行使する形式に改められた。

(6) 罰則の整理

罰則規定について、行政機関の職員等を主体とするものと行政機関の職員等以外も主体となり得るものなどに分類してその骨格が整理された。

7　社会保障・税番号大綱

　実務検討会では、平成23年6月24日の第10回会合において、地方三団体（全国知事会、全国市長会、全国町村会（全国知事会は日程の調整がつかず資料提出対応））との意見交換を行うとともに、「社会保障・税番号大綱」（**資料12**⇨184頁参照）（以下「大綱」という。）の策定に向けての議論を行った。

　なお、個人情報保護評価WGの下に情報保護評価サブワーキンググループを設置することが報告された。また、同月28日の第11回会合においてさらに議論を行った上、大綱案を実務検討会として了承した。大綱案は、同月30日の政府・与党社会保障改革検討本部の第6回会合において、正式に決定された。

　大綱は、これまで段階的に発表してきた中間とりまとめ（平成22年6月29日）、中間整理（平成22年12月3日）、基本方針（平成23年1月31日）、要綱（平成23年4月28日）を集大成したものである。以下、大綱にて新規に発表された項目について示すこととする。

(1) 番号制度でできる事項の提示

　番号制度でできる事項について、

> (1) よりきめ細やかな社会保障給付の実現
> (2) 所得把握の精度の向上等の実現に関するもの
> (3) 災害時の活用に関するもの
> (4) 自己の情報の入手や必要なお知らせ等の情報の提供に関するもの
> (5) 事務・手続の簡素化、負担軽減に関するもの

> (6) 医療・介護等のサービスの質の向上等に資するもの

に分類して提示するとともに、「番号」を告知、利用する手続の範囲について、分野毎に法律名等を記して具体的に提示した。

　なお、この中には、社会保障の各制度単位ではなく家計全体をトータルに捉えて医療・介護・保育・障害に関する自己負担額の合計額に上限を設定する「総合合算制度」の導入も含まれている。

(2) 医療分野等の取扱い

　医療分野等において取り扱われる情報には特に機微性の高い情報が含まれていることから、医療情報等の取扱いに関しては、個人情報の保護に関する法律（以下「個人情報保護法」という。）又は番号法の特別法として、その機微性や情報の特性に配慮した特段の措置を定める法制を厚生労働省において整備することとした。

(3) 本人同意等の諸論点

　「番号」自体の保護の必要性、番号制度の導入について原則として本人同意を前提としない仕組みとすること、番号生成機関を住民基本台帳法（以下「住基法」という。）に規定する指定情報処理機関を基礎とした地方共同法人とすることなど、諸点について明らかにすることとした。

8 「番号」の名称

　基本方針においては、「『番号』の名称は、国民の公募により決定する」とされ、これに基づいて、平成23年2月24日から3月23日までの1か月間、「番号」の名称について一般公募を行い、807件の応募があった。

　応募を受けた名称については、有識者メンバーによる選考を行った上で、同年6月24日の実務検討会第10回会合及び同月28日の第11回会合に諮り、その結果、同月30日、番号制度創設推進本部により「番号」の名称を「マイナンバー」に決定した。

9　各党における検討

　民主党では、平成22年9月から11月まで税制改正プロジェクトチーム（以下「税制改正PT」という。）において、同月から平成23年6月まで社会保障と税の抜本改革調査会・税制改正PT合同会合において番号制度を検討してきたが、大綱の策定を受けて、同年8月2日、税制改正PTの下に社会保障・税番号検討小委員会を設置してさらにその内容を検討することとなった。同小委員会は、同月25日に政調引き継ぎ事項の取りまとめを行い、その後の議論は社会保障と税の一体改革調査会の下に設置された社会保障・税番号検討ワーキングチーム（以下「社会保障・税番号検討WT」という。）に引き継がれることになった。

　自民党では、従来、税制調査会の国民負担等に関する検討会において番号制度を検討してきたが、平成23年8月に政策会議「国民共通番号」関係部会等合同会議が設置された。

　公明党では、平成23年8月に、社会保障と税の共通番号に関する検討プロジェクトチームが設置された。

10　残された論点

　平成23年9月に野田内閣が発足し、社会保障・税番号制度については、古川社会保障・税一体改革担当大臣が担当することとなった。

　平成23年9月27日の実務検討会の第12回会合においては、大綱に関するパブリックコメントの結果が報告されるとともに、今後結論を得る必要のある主要な論点の整理を行った。

　すなわち、

1. 制度の所管官庁
2. 「番号」（マイナンバー）を告知、利用する手続の範囲
3. 情報連携の範囲
4. 情報連携基盤の運営機関
5. マイ・ポータル
6. ICカード
7. 第三者機関
8. 罰　則

の8項目について今後結論を得る必要があるとされた。

　民主党の社会保障・税番号検討WTにおいても同様の問題意識から有識者及び関係団体からのヒアリング及び議論を重ねてきたが、平成23年11月22日に、社会保障・税番号に対する取りまとめを行った。

　実務検討会では、この取りまとめを踏まえ、同月28日の第13回会合において意見交換を行い、上記の結論を得る必要のある主要な論点のうちいくつかのものについては、次のとおりとした。

第1章 個人番号法等関連4法の制定までの経緯と制度の概要

> 1. 制度の所管官庁については、内閣府
> 2. マイナンバーの利用範囲及び情報連携の範囲については、医療分野等の機微性の高い個人情報を取り扱う分野については、別途特別法により特段の措置。保険給付等事務に関する法定手続については「番号法」の対象
> 3. ICカードについては、本人確認と番号の真正性を証明するためのカードを国民からの申請に基づき交付することについて「番号法」に規定するが、技術的な様式については「番号法」に規定しない
> 4. 第三者機関については、内閣府の外局のいわゆる「三条委員会」とし、平成25年1月より半年以内に設置
> 5. 罰則については、現行法よりも法定刑を加重

　この結果を受けて関係府省間でさらに検討を重ね、実務検討会では平成23年12月16日の第14回会合において「社会保障・税番号制度の法律事項に関する概要」をとりまとめた。なお、本概要においては、法律の通称をマイナンバー法（法律の通称とは、例えば「私的独占の禁止及び公正取引の確保に関する法律」を「独占禁止法」と呼ぶように、一般に広く使用されることを意図した名称であり、国会の提案理由説明や質疑等においても使用されているものである。）とした。

第1節 個人番号法等関連4法の制定までの経緯

11　法案の提出及び廃案

　番号制度については、要綱において、「番号制度の基本理念、国・地方公共団体・国民の責務、「番号」の付番・通知、「番号」を利用する事務、本人確認の在り方、「番号」に係る個人情報の保護、情報連携の仕組み、国民に交付されるICカード、施行期日、施行のための準備行為等について、法律又は法律の授権に基づく政省令に規定する必要がある」とされ、同法案については、大綱において、「平成23年（2011年）秋以降、可能な限り早期に番号法案及び関係法律の改正法案を国会に提出する」とされたが、同年秋の臨時国会の日程が極めてタイトな中で、3次補正や震災復興関連法案を処理しなければならず、番号制度に関する法案の提出は翌年の通常国会に先送りされた。

　その後、上記のとおり実務検討会第14回会合において「社会保障・税番号制度の法律事項に関する概要」が取りまとめられ、本概要に沿って法案化作業をさらに進めた結果、平成24年2月14日に、「行政手続における特定の個人を識別するための番号の利用等に関する法律案（第180回国会内閣提出第32号）」「行政手続における特定の個人を識別するための番号の利用等に関する法律の施行に伴う関係法律の整備等に関する法律案（第180回国会内閣提出第33号）」「地方公共団体情報システム機構法案（第180回国会内閣提出第35号）」（以下「マイナンバー関連3法案」という。）が閣議決定され、平成24年第180回国会に提出された（**資料13**⇨189頁参照）。

　マイナンバー関連3法案については、衆議院社会保障と税の一体改革に関する特別委員会において、社会保障・税一体改革関連法案とともに審議する旨の提案が平成24年4月に与党よりなされたが、結果

的に同特別委員会の審議とは切り離されることとなった。その後、同年7月に民主党・自民党・公明党の実務者の間で実質上の修正協議が行われたが、同通常国会で審議入りすることはなく、同年9月6日に衆議院内閣委員会に付託され、同月7日、継続審議となることが決定された。

この間、平成24年10月に野田第三次改造内閣が発足し、社会保障・税番号制度については、岡田副総理兼社会保障・税一体改革担当大臣が担当することとなった。

平成24年10月29日に開会された第181回通常国会においても、マイナンバー関連3法案の審議が模索されたが、同年11月16日に衆議院が解散し、マイナンバー関連3法案は一度も国会で審議されることなく廃案となった。

これにより、当初予定されていた平成26年10月からの個人番号の付番、平成27年1月からの個人番号の利用及び個人番号カードの交付、平成28年1月からの国の機関等における情報照会・提供の開始、同年7月からの地方公共団体の機関を含めた情報照会・提供の開始については、システム改修等の期間を考慮して、それぞれ1年ずつ予定を先送りされた。

12　法案の再提出及び成立

　平成24年12月16日に行われた第46回衆議院議員総選挙の結果を受けて、自民党の安倍総裁が内閣総理大臣に任命され、社会保障・税番号制度は、甘利社会保障・税一体改革担当大臣が担当することとなった。

　その後、自民党・公明党・民主党の3党による修正協議があらためて行われ、平成25年3月1日、その修正協議を踏まえ、「行政手続における特定の個人を識別するための番号の利用等に関する法律案（第183回国会内閣提出第3号。以下「番号法案」という。）」「行政手続における特定の個人を識別するための番号の利用等に関する法律の施行に伴う関係法律の整備等に関する法律案（第183回国会内閣提出第4号。以下「整備法案」という。）」「地方公共団体情報システム機構法案（第183回国会内閣提出第7号。以下「機構法案」という。）」「内閣法等の一部を改正する法律案（第183回国会内閣提出第5号。以下「内閣法改正法案」という。）」（以下「番号関連4法案」という。）が閣議決定され、平成25年第183回国会に提出された（**資料14**⇨193頁参照）。

　マイナンバー関連3法案と番号関連4法案の主な違いは、次のとおりである。

> ① 番号制度の基本理念の追加（番号法案第3条第2項）
> ② 国、地方公共団体の責務、事業者の努力規定の追加（番号法案第4条〜第6条）
> ③ 通知カードの送付による個人番号の通知等（番号法案第7条第1項・第3項・第7項、第17条第1項）

第1章 個人番号法等関連4法の制定までの経緯と制度の概要

④　個人番号カードの利用等（番号法案第3条第3項、第18条）

⑤　本人確認の措置（番号法案第16条）

⑥　情報提供ネットワークシステムの利用の促進（番号法案第3条第4項）

⑦　情報提供ネットワークシステム等の安全性の確保（番号法案第24条）

⑧　特定個人情報保護委員会の所掌事務の追加等（番号法案第36条第1項等、第54条第1項）

⑨　検討規定の追加等（番号法案附則第6条第1項～第7項）

⑩　内閣情報通信政策監（政府CIO）を法的根拠に基づいて設置するための法案提出（内閣法改正法案）

　平成25年3月22日、番号関連4法案は、重要広範議案として、安倍総理出席の下、衆議院本会議において趣旨説明・質疑が行われ、同日、衆議院内閣委員会に付託された。その後、同月27日、衆議院内閣委員会において提案理由説明・質疑、同年4月3日、同委員会において質疑、同月5日、同委員会において参考人（堀部政男一橋大学名誉教授、須藤修東京大学大学院情報学環長、清水勉日弁連情報問題対策委員会委員長、清原慶子三鷹市長）質疑、同月11日、同委員会において質疑が行われるとともに衆議院内閣・総務・財務金融・厚生労働委員会において連合審査、同月24日、衆議院内閣委員会において質疑、同月26日、同委員会において安倍総理出席の下で質疑が行われるとともに、番号法案及び内閣法改正法案につき修正の上、番号法案及び内閣法改正法案に付帯決議が付されて番号関連4法案が可決、同年5月9日に衆議院本会議において番号関連4法案につき修正の上可決された（**資料15**⇨195頁参照）。

衆議院における番号法案の修正は、次のとおりである。

① 目的の修正
　この法律の目的として、行政運営の効率化及び行政分野におけるより公正な給付と負担の確保を図ることを明記すること。

② 基本理念の修正
　この法律の基本理念として、国民の利便性の向上及び行政運営の効率化に資することを明記すること。

③ 特定個人情報を提供することができる場合の追加
　国税庁長官が都道府県知事若しくは市町村長に又は都道府県知事若しくは市町村長が国税庁長官若しくは他の都道府県知事若しくは市町村長に、政令で定める国税に関する法律の規定により国税又は地方税に関する特定個人情報を提供する場合において、当該特定個人情報の安全を確保するために必要な措置として政令で定める措置を講じているときは、当該特定個人情報を提供することができること。

④ 給付付き税額控除の施策に関する事務の的確な実施に係る検討
　政府は、給付付き税額控除（給付と税額控除を適切に組み合わせて行う仕組みその他これに準ずるものをいう。）の施策の導入を検討する場合には、当該施策に関する事務が的確に実施されるよう、国の税務官署が保有しない個人所得課税に関する情報に関し、個人番号の利用に関する制度を活用して当該事務を実施するために必要な体制の整備を検討するものとすること。

第1章 個人番号法等関連4法の制定までの経緯と制度の概要

　平成25年5月10日、番号法案及び整備法案は、重要広範議案として、安倍総理出席の下、参議院本会議において趣旨説明・質疑が行われ、同日、番号法案・整備法案・内閣法改正法案（以下「番号関連3法案」という。）は参議院内閣委員会に、機構法案は参議院総務委員会に付託された。その後、番号関連3法案については、同月16日、参議院内閣委員会において趣旨説明、同月21日、同委員会において質疑、同月23日、同委員会において安倍総理出席の下で質疑が行われ、同日可決、同年5月24日に参議院本会議において可決され、成立した。

　平成25年5月31日、「行政手続における特定の個人を識別するための番号の利用等に関する法律（平成25年法律第27号）」「行政手続における特定の個人を識別するための番号の利用等に関する法律の施行に伴う関係法律の整備等に関する法律（平成25年法律第28号）」「地方公共団体情報システム機構法（平成25年法律第29号）」「内閣法等の一部を改正する法律（平成25年法律第22号）」が公布された。

第2節　制度の概要

　行政手続における特定の個人を識別するための番号の利用等に関する法律（以下「番号法」という。）は、行政機関等の行政事務を処理する者が、個人番号及び法人番号の有する特定の個人及び法人等を識別する機能を活用し、並びに当該機能によって異なる分野の情報を照合し、これらが同一の者に関するものであるかどうかを確認することができる情報システムを運用して、効率的な情報の管理及び利用並びに他の行政事務を処理する者との間における迅速な情報の授受を行うことができるようにするものである。

　また、これによって、行政運営の効率化及び行政分野におけるより公正な給付と負担の確保を図り、かつ、これらの者に対し申請等の手続を行い、又はこれらの者から便益の提供を受ける国民が、手続の簡素化による負担の軽減、本人確認の簡易な手段その他の利便性の向上を得られるようにするものである。

　さらに、個人番号その他の特定個人情報の取扱いが安全かつ適正に行われるよう、行政機関の保有する個人情報の保護に関する法律（以下「行政機関個人情報保護法」という。）、独立行政法人等の保有する個人情報の保護に関する法律（以下「独立行政法人等個人情報保護法」という。）及び個人情報保護法の特例を定めるものである。

1 構成

(1) 総則
本法の目的、基本理念、国、地方公共団体の責務等について規定するものである。

(2) 個人番号
市町村長による個人番号の指定・通知・変更、個人番号の利用範囲、提供の要求、提供の求めの制限及び本人確認の措置等について規定するものである。

(3) 個人番号カード
個人番号カードの内容及び交付手続等について規定するものである。

(4) 特定個人情報の提供
特定個人情報の提供の制限、収集等の制限、情報提供ネットワークシステム、特定個人情報の提供、情報提供等の記録、秘密の管理等について規定するものである。

(5) 特定個人情報の保護
特定個人情報保護評価、特定個人情報ファイルの作成の制限、行政機関個人情報保護法等の特例及び地方公共団体等が保有する特定個人情報等の保護等について規定するものである。

(6) 特定個人情報保護委員会

特定個人情報保護委員会の組織、業務等について規定するものである。

(7) 法人番号

国税庁長官が指定する法人番号、当該番号により検索できる特定法人情報の提供等について規定するものである。

(8) 雑則、罰則

事務の区分、主務省令、罰則等について規定するものである。

(9) 附　則

施行期日、準備行為、個人番号の指定及び通知に係る経過措置、特定個人情報保護委員会の委員の任期に係る経過措置等について規定するものである。

第1章 個人番号法等関連4法の制定までの経緯と制度の概要

図表1-1 社会保障・税番号制度の概要

番号制度は、複数の機関に存在する特定の個人の情報を同一人の情報であるということの確認を行うための基盤であり、社会保障・税制度の効率性・透明性を高め、国民にとって利便性の高い公平・公正な社会を実現するための基盤（インフラ）である。

個人番号
- 市町村長は、住民票コードを変換して得られる個人番号を指定し、通知カードにより本人に通知

個人番号カード
- 市町村長は、申請により、顔写真付きの個人番号カードを交付
- 個人番号カードは、本人確認や番号確認のために利用

法人番号
- 国税庁長官は、法人等に、法人番号を指定し、通知
- 法人番号は原則公開され、民間での自由な利用が可能

個人情報保護
- 法定される場合を除き、特定個人情報の収集・保管を禁止
- 国民は、マイ・ポータルで、情報連携記録を確認
- 個人番号の取扱いを監視・監督する特定個人情報保護委員会を設置
- 特定個人情報ファイル保有前の特定個人情報保護評価を義務付け

情報連携
- 複数の機関間において、それぞれの機関ごとに個人番号やそれ以外の番号を付して管理している同一人の情報を紐付けし、相互に活用する仕組み

個人番号の利用分野		
社会保障分野	年金分野	年金の資格取得・確認、給付を受ける際に利用
	労働分野	雇用保険等の資格取得・確認、給付を受ける際に利用 ハローワーク等の事務等に利用
	福祉・医療・その他分野	医療保険等の保険料徴収等の医療保険者における手続に利用 福祉分野の給付を受ける際に利用 生活保護の実施等に利用 低所得者対策の事務等に利用
税分野		国民が税務当局に提出する確定申告書、届出書、調書等に記載 当局の内部事務等に利用
災害対策分野		被災者生活再建支援金の支給に関する事務に利用 被災者台帳の作成に関する事務に利用

➤ 上記の他、福祉、保健若しくは医療その他の社会保障、地方税又は防災に関する事務その他これらに類する事務であって条例で定める事務に利用（第9条第2項）。

2　施行期日

　公布の日から起算して3年を超えない範囲内において政令で定める日（平成27年10月を想定）から施行する。ただし、総則、準備行為、経過措置の政令委任等に係る規定は公布の日（平成25年5月31日）から施行する。

　特定個人情報保護委員会等に係る規定は平成26年1月1日から起算して6月を超えない範囲内において政令で定める日（平成26年1月1日）から施行する。

　特定個人情報保護評価に係る規定は公布の日から起算して1年6月を超えない範囲内において政令で定める日から施行する。

　個人番号カードに係る規定及び個人番号の利用等に係る規定はこの法律の施行の日から起算して3年6月を超えない範囲内において政令で定める日（平成28年1月を想定）から施行する。

　情報提供ネットワークシステムを使用した特定個人情報の提供等に係る規定は公布の日から起算して4年を超えない範囲内において政令で定める日（平成29年1月を想定）から施行する。

3　地方公共団体に関する規定

　番号法の中で地方公共団体の業務に影響がある部分を中心に説明する。

⑴　地方公共団体の責務

　番号法第5条では地方公共団体の責務を規定している。すなわち、地方公共団体は、基本理念に則り、特定個人情報（個人番号をその内容に含む個人情報をいう。以下同じ。）の取扱いの適正を確保するために必要な措置を講ずるとともに、個人番号及び法人番号の利用に関し、国との連携を図りながら、自主的かつ主体的に、その地域の特性に応じた施策を実施するものとされている。

　地方公共団体は、番号制度において中心的な役割を果たすこととなり、特定個人情報の保護等を確保し、国と連携して、独自事務にも個人番号を利用することが求められている。

⑵　個人番号の生成・指定・通知

　個人番号は、住民票コードを変換して得られる番号であって、当該住民票コードが記載された住民票に係る者を識別するために指定されるものをいう（番号法第2条第5項）。

　個人番号は、無作為の11桁の数字＋チェックデジット（検査数字）の12桁で構成される。

①　個人番号とすべき番号の生成

　個人番号の指定に当たり、市町村長は、あらかじめ、地方共同法人として設立される地方公共団体情報システム機構（以下「機構」

という。）に対して、住民票コードを通知し、当該住民票コードから個人番号とすべき番号を生成することを求めることとなる（番号法第8条第1項）。

機構において生成する番号に求められる要件については、次の3点を挙げている（番号法第8条第2項）。

> a 他のいずれの個人番号（番号法第7条第2項の従前の個人番号を含む。）とも異なること。
> b 番号法第7条第1項の住民票コードを変換して得られるものであること。
> c 番号法第8条第2項第2号の住民票コードを復元することのできる規則性を備えるものでないこと。

② 個人番号の指定・通知

市町村長は、住民票に住民票コードを記載したときは、速やかに機構から通知された個人番号とすべき番号をその者の個人番号として指定し、その者に対し、当該個人番号を通知カードにより通知しなければならない（番号法第7条第1項）。

個人番号については、住民に関する基礎的な情報となるものであるため、住基法の改正により、住民票の記載事項とすることとしている。

個人番号の付番の対象となる者は、住民票コードが住民票に記載される日本の国籍を有する者及び外国人住民（住基法第30条の45に規定する中長期在留者、特別永住者、一時庇護者及び仮滞在許可者、経過滞在者）である。

個人番号の指定の事務は、番号法第63条の規定により、地方自

治法第2条第9項第1号に規定する第一号法定受託事務である。

③ 通知カード

番号法では、個人番号の真正性の確認や本人確認の有効な手段として個人番号カードの交付を予定しているところであるが、円滑な番号制度導入のため、個人番号カードの交付を受けるまでの間の暫定的な措置として、行政機関の窓口等で個人番号の提供を求められた際に当該通知カードを利用することとする。

通知カードには、氏名、住所、生年月日、性別、個人番号等が記載されるが、顔写真は記載されない。番号法に基づく本人確認のためには、通知カードのほか主務省令で定める書類の提示が必要である（番号法第16条）。

通知カードは、全住民に郵便で送付するため、住民が市町村に来庁する必要はない。なお、通知業務については、市町村の事務負担の軽減のため、全市町村が共同で委託することを想定している。

④ 個人番号の変更

市町村長は、住民基本台帳に記録されている者の個人番号が漏えいして不正に用いられるおそれがあると認められるときは、その者の請求又は職権により、その者の従前の個人番号に代えて、機構から通知された個人番号とすべき番号をその者の個人番号として指定し、速やかに、その者に対し、当該個人番号を書面により通知しなければならない（番号法第7条第2項）。

個人番号が漏えいした場合等にはなりすまし等の被害が生じる可能性があることから、その場合に限って個人番号が変更可能とされたものである。個人番号の変更について、当該本人が請求できるこ

とはもちろんであるが、本人の請求を待っていたのでは被害の拡大を抑止できない場合等があることから、市町村長が職権により被害を受けた者等の個人番号を変更できる旨規定されている。

⑤　個人番号カードの円滑な交付のための必要な措置

市町村長は、通知カードによる通知をするときは、当該通知を受ける者が個人番号カードの交付を円滑に受けることができるよう、当該交付の手続に関する情報の提供その他の必要な措置を講ずるものとする（番号法第7条第3項）。

具体的には、例えば、通知カードにより個人番号を本人に通知する際に、個人番号カードの取得手続に係る案内を同封することや一度の来庁で個人番号カードを取得できるようにすることなどが想定されている。

(3)　個人番号カード

① 　個人番号カードの交付

市町村長は、当該市町村が備える住民基本台帳に記録されている者に対し、その者の申請により、その者に係る個人番号カードを交付するものとする（番号法第17条第1項）。

個人番号カードの交付の事務は、番号法第63条の規定により、地方自治法第2条第9項第1号に規定する第一号法定受託事務である。

② 　個人番号カードの券面記載事項

個人番号利用事務等実施者が番号の告知を求める際に、本人確認をした上で個人番号を確認できるよう、個人番号カードの券面には、

氏名、住所、生年月日、性別、個人番号その他政令で定める事項を記載し、顔写真を表示することとしている（番号法第2条第7項）。

これらのカードの券面記載事項については、個人番号カードに組み込むICチップ内に記録される。

③　個人番号カードの有効期間

個人番号カードの有効期間についても、基本的に10年が予定されているが、未成年者については、経年による容姿変化が大きいことから、カード発行時の年齢が20歳以上の場合は10年、20歳未満の場合は5年が想定されている。

(4)　個人番号カードの利用

個人番号カードは、これまで述べてきたような本人確認の措置において利用するほか、番号法第18条の規定により、個人番号カードに組み込まれたICチップの空き領域を活用して、市町村の機関又は国の機関・都道府県の機関・民間事業者等が、地域住民の利便性の向上に資するものとして条例で定める事務又はその他の事務を処理することができる。

これは、番号制度を設けることによる国民生活へのメリットをより充実させるため、個人番号カードについて、従来の住基カードにおける条例による独自利用に加え、本人確認における利用価値を踏まえ、民間取引等への活用を可能とするものである。ただし、個人番号カードには個人番号を含む個人情報が記録されていることから、番号法第18条に基づく個人番号カードの利用に当たっては、個人番号カードの記録事項の安全管理を図るために必要なものとして総務大臣が定める基準に従って個人番号カードを取り扱わなければならないこととし

ている。

(5) 個人番号の利用

番号法第9条は、番号法別表第一の上欄に掲げる行政機関、地方公共団体、独立行政法人等その他の行政事務を処理する者は、同表の下欄に掲げる事務の処理に関して保有する特定個人情報ファイルにおいて個人情報を効率的に検索し、及び管理するために必要な限度で個人番号を利用することができることとしている。これは、個人番号を利用することができる者及び利用することができる事務の種類を明らかにするとともに、当該事務処理に必要な限度においてのみ個人番号を利用することができることとしたものである。

① 個人番号の利用範囲及び利用主体

個人番号は、将来的には幅広い行政分野で利活用することも念頭に置きつつ、まずは、社会保障制度、税制、災害対策に関する分野において利用することとしている。このため、個人番号を利用することができる主体としては、当該行政事務を実施する行政機関、地方公共団体及び当該行政事務に関連する法律の規定により何らかの事務を行う者並びに当該行政事務に係る申請、届出等の各種手続を行う者が規定されている。

② 必要な限度での個人番号の利用

番号法第9条第1項は、「必要な限度で個人番号を利用することができる」と定めている。

「必要な限度」とは、「当該事務の処理に関して保有する特定個人情報ファイルにおいて個人情報を効率的に検索し、及び管理するた

め」に必要不可欠であることを指すもの、「利用」とは、申請、届出等の手続を行う者が申請書に番号を記載しこれを提出する行為、行政機関における当該書類の受理、個人番号を用いた当該個人番号に係る者の情報の呼び出し、情報の内部管理・保存、他の書類への個人番号の転記、データへの入力や情報連携基盤を通じて情報を照会する際の個人番号の入力、各種行政相談等、個人番号を用いる行為を指すものである。

③ 条例による個人番号の独自利用

番号法第9条第2項の規定により、地方公共団体の長等は、社会保障、地方税、防災その他これらに類する事務で条例で定めるものの処理に必要な限度で個人番号を利用することができる。

個人番号を取り扱う事務としては、住民に最も身近な行政主体である地方公共団体において数多く処理されることが想定されることから、地方公共団体が個人番号を用いて手続を行えるようにし、また、社会保障の給付等の情報を相互に授受することで、国民の利便性の向上、地方公共団体の行政の効率的な運営に寄与することを可能とするため、地方公共団体が地域の実情を踏まえて条例で定めて行う地方単独の事務（例：乳幼児医療費の助成など）等に関して、個人番号を利用できることとしたものである。

「条例で定めるもの」としているのは、個人番号の利用範囲については、住民の代表で構成される地方議会における議論を経て、団体としての地方公共団体の意思に基づいて行うことが、番号法第9条第1項において規定されている国等の実施する事務について、国会による議論によって制定される法律で規定されることとの均衡に鑑みても、適当と考えられるためである。

(6) 特定個人情報の提供

特定個人情報のデータマッチングは、正当な主体が必要な限度において、かつ、安心・安全な環境において実施されるという制度があらかじめ構築されていなければならず。番号法第19条は、このような外部提供のルールを定めたものである。

① 特定個人情報の提供

特定個人情報の提供とは、個人番号をその内容に含む個人情報を提供する場合のほか、番号法第2条第8項の規定により、特定個人情報に含まれる個人番号に代えて、提供先において当該個人番号を特定することができる番号、記号その他の符号を含むものを提供する場合を含むものである。

② 情報提供ネットワークシステム

番号法別表第二に規定された場合で、かつ、不正な情報提供がなされないような機能を備える情報提供ネットワークシステムを使用する場合に、特定個人情報の提供を認めるものである（番号法第19条第7号）。

不正な特定個人情報の提供を防止するために、①法定された情報提供であることをシステム上で確認する機能を備え（番号法第21条第2項第1号）、②提供の求め及び提供についての記録を逐一取得し（番号法第23条）、③秘密の漏えい防止その他の適切な管理を義務付け（番号法第24条及び第25条）、安全かつ安定的な情報の授受を実現する情報提供ネットワークシステムを使用して情報連携を行うものである。

③　地方公共団体の機関間における提供

　地方公共団体では、個人情報の取扱いが機関単位となっているため、同一地方公共団体内部の他の機関で特定個人情報を利用することも、他の機関への提供に該当することとなるため、このような機関間の提供を明らかにするため、条例の規定を要することとしている（番号法第19条第9号）。

④　特定個人情報の提供義務

　番号法第19条第7号に規定する特定個人情報の提供の必要性があり、かつ、安全に情報提供されることが保障される状況でなされる特定個人情報の提供については、番号法の趣旨にのっとり、特定個人情報を適切に活用するため、情報の提供の求めを受けた情報提供者は情報照会者に対し情報を提供しなければならない義務を番号法第22条第1項の規定により課するものである。

　本件は番号法上の提供義務を履行する正当な行為であり、地方公務員法や地方税法等他法の守秘義務との関係で特段の問題は生じない。また、授受される特定個人情報を漏えいする行為は番号法第19条の提供制限に抵触するほか、番号法第25条において情報提供等事務等に従事する者等に秘密保持義務があり、かつ、秘密の管理等を義務付けられた情報提供ネットワークシステムを用いて情報提供がなされるものであることから、個人の権利利益に悪影響を与えるおそれがないものである。

(7)　地方公共団体の特定個人情報保護評価

　特定個人情報の取扱いについて国民が安心・信頼できるよう、特定個人情報ファイルが取り扱われる前に、このような特定個人情報

ファイルの取扱いが個人のプライバシー等に与える影響及びリスクを予測・評価し、その影響及びリスクを低減する措置をあらかじめ講じるために、特定個人情報保護評価を実施することが必要とされている。

① 目　的
a　事後的な対応にとどまらない、積極的な事前対応を行うこと。
b　地方公共団体が住民のプライバシー保護にどのように取り組んでいるかについて、自身で宣言し、住民の信頼を獲得すること。
c　地方公共団体の実情を踏まえること。

② 仕組み
個人のプライバシーに対し影響を与える可能性に着目して、しきい値評価、重点項目評価、全項目評価の三段階を経て、実施の仕組みを深めるものとしている。

なお、全項目評価を実施することになる可能性があるのは、対象者の人数が10万人以上の特定個人情報ファイルを保有する業務・システムに限られる。また、対象人数10万人以上30万人未満の特定個人情報ファイルについては、特にリスクの高い場合以外は、重点項目評価でよいとされている。

③　地方公共団体の特定個人情報保護評価の法的位置付け
地方公共団体の行う特定個人情報保護評価については、しきい値評価、重点項目評価、全項目評価の全てにおいて、同条第1項により特定個人情報保護委員会規則で同条の特定個人情報保護評価より除外された上で、特定個人情報保護委員会規則によりその評価方法

を定めることとなる。

④　評価の時期

　特定個人情報保護評価は、事後的対応にとどまらない積極的な事前対応を行う目的で実施するものであるため、特定個人情報ファイルを保有しようとする前に、実施しなければならないものとしている。システムの場合は、システム開発前の、要件定義段階又は設計段階で実施することを特定個人情報保護委員会規則で義務付ける予定である。ただし、特定個人情報保護評価の指針は、平成26年1月1日までに設置された特定個人情報保護委員会より公表されるため、指針の公表から半年を超えない範囲でシステム開発（改修）が発生する場合は、システム開発開始後の実施も認められる。その場合、特定個人情報保護評価の結果を必ずしも設計に反映する必要はなく、運用面に反映するなどの方法が認められる。

⑤　除外される特定個人情報ファイル

　特定個人情報保護評価の目的などに照らし、「職員又は職員であった者に係る特定個人情報ファイルであって、専らその人事、給与又は福利厚生に関する事項」「保有する特定個人情報ファイルが紙ファイルの場合」「保有する特定個人情報ファイルの対象者数が千人未満の場合」など、個人のプライバシーに対する影響が小さく、評価の実施の必要性が認められないものについては、義務付け対象者の保有するファイルであっても、番号法第27条第1項括弧書にある特定個人情報保護委員会規則によって、特定個人情報保護評価の義務付け対象から除外するものとしている。

⑥　情報連携の禁止

　特定個人情報保護評価を実施していない特定個人情報ファイルについては、特定個人情報ファイルの適正な取扱いの確保のための措置や、個人のプライバシーに対する影響の抑止・軽減措置が十分講じられていないものと考えられ、このような不適正な特定個人情報ファイルについて情報連携を行わせると、適正な取扱いがなされている他の特定個人情報ファイル、他の情報提供者又は情報照会者のシステムや情報連携基盤に対し、悪影響を及ぼすおそれがある。

　そこで、番号法第27条第6項の規定により、国の機関等で特定個人情報保護評価を実施していないものについて、情報提供ネットワークシステムを使用した情報提供及びその求めを行うことを禁止する旨を規定しており、同項が直接適用されない地方公共団体においても、特定個人情報保護委員会規則で同趣旨の規定を設ける予定である。

⑻　個人情報保護条例等との関係

　番号法における個人情報保護措置について、番号法にて書き起こしの条文にて規定されたものについては、地方公共団体に対しても等しく適用されることとなるが、一般法の読替にて規定されたものについては、地方公共団体において、条例の改正をする等の措置を行うこととなる（番号法第31条）。

　また、一部の条例では、外部提供に係る規定やオンライン結合の制限に係る規定など、地域の独自性に基づく規定が定められており、当該条例における独自の規定と番号法における規定との間に整合性が取れない場合は、当該団体において条例改正等の検討を行う必要

がある。

(9) 法人番号

番号法では、個人番号とともに、法人番号を導入することとしている。地方公共団体においても、特に地方税の分野を中心に、個人番号と並んで利活用することとなると考えられる。法人番号の桁数は、12桁の個人番号と異なり、13桁となることが予定されている。

(10) 準備行為

番号制度では、平成27年10月を目途とする個人番号の通知、平成28年1月を目途とする個人番号カードの交付及び個人番号の利用開始、平成29年1月を目途とする国の機関等間での特定個人情報の授受の開始、同年7月を目途とする国の機関等と地方公共団体の機関の間での特定個人情報の授受の開始が予定されており、個人番号及び法人番号の付番に係る準備、情報提供ネットワークシステムや関係機関における情報システムの開発に係る準備等、番号法が施行される前に必要となる準備行為について、施行日前においても実施することができるようにしておく必要がある。

このため、番号法附則第2条の規定により、行政機関の長や地方公共団体の機関等は、番号法の各規定の施行の日前においても、番号法の実施のために必要な準備行為をすることができることとしている。

(11) マイ・ポータル

番号法附則第6条第5項の規定により、政府は、この法律の施行後1年を目途として、情報提供等記録開示システム(以下「マイ・ポータル」という。)を設置するとともに、年齢、身体的な条件その他の

マイ・ポータルの利用を制約する要因にも配慮した上で、その活用を図るために必要な措置を講ずるものとしている。

　また、番号法附則第6条第6項の規定により、政府は、マイ・ポータルの設置後、適時に、国民の利便性の向上を図る観点から、民間における活用を視野に入れて、マイ・ポータルを利用して各種手続又は行為を行うこと、及び当該手続又は行為を行うための本人確認措置を当該手続又は行為に応じて簡易なものとすることについて検討を加え、その結果に基づいて所要の措置を講ずるものとしている。

　政府は、平成29年1月を目途としてマイ・ポータルを設置することとしており、地方公共団体の機関が同年7月以降行う特定個人情報の授受も国民自らが自己の特定個人情報に関してその記録を確認できることとなる。

　また、番号法附則第6条第6項においては、政府がマイ・ポータルの機能に関して検討すべき内容として、①自己情報表示機能（同項第1号）、②プッシュ型サービス（同項第2号）、③ワンストップサービス（同項第3号）を規定するとともに、マイ・ポータルを介して行われる情報の授受を行う場合における本人確認の方法に関して検討すべき事項を定めている。

⑿　自治体クラウド導入への国の協力

　番号法附則第6条第8項の規定により、政府は、適時に、地方公共団体における行政運営の効率化を通じた住民の利便性の向上に資する観点から、地域の実情を勘案して必要があると認める場合には、地方公共団体に対し、複数の地方公共団体の情報システムの共同化又は集約（自治体クラウド）の推進について必要な情報の提供、助言その他の協力を行うこととしている。

地方公共団体においては、番号制度の導入を機に、行政運営の効率化を通じた住民の利便性の向上に資する観点から、自治体クラウド等の導入を行おうとする動きがあり、政府としても、地域の実情に応じて必要があると認めるときは、その導入に向けての情報提供、助言等を積極的に行うこととされたところである。

第2章

個人番号制度及び
改正住民基本台帳制度等の
Q&A

1 個人番号制度のQ&A

Q1 なぜ、社会保障・税番号制度を導入するのですか。

A

　社会保障・税番号制度は、より公平な社会保障制度や税制の基盤となるものであるとともに、情報社会のインフラとして国民の利便性の向上や行政の効率化に資するものです。

　具体的には、様々な手続において、従来求められていた添付書類が削減されるほか、マイ・ポータルを活用して行政機関から国民へきめ細やかな「お知らせサービス」が提供されるなど、直接的に国民の利便性の向上に資するものです。

　さらに、所得把握の正確性が向上し、真に手を差し伸べるべき人に対する社会保障の充実、負担・分担の公平性がより一層確保されることや、行政の効率化が図られ、限られた行政資源を国民サービスの充実のために、より重点的に配分することも可能になるなど、間接的にも番号制度の導入により様々なメリットが生まれるものと期待されます。

図表2-1 社会保障・税番号制度の導入趣旨

番号制度は、複数の機関に存在する個人の情報を同一人の情報であるということの確認を行うための基盤であり、**社会保障・税制度の効率性・透明性を高め、国民にとって利便性の高い公平・公正な社会を実現するための社会基盤（インフラ）**である。

社会保障・税・災害対策の各分野で番号制度を導入

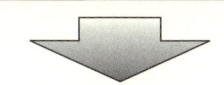

⬇

効果

▶より正確な所得把握が可能となり、社会保障や税の給付と負担の公平化が図られる
▶真に手を差し伸べるべき者を見つけることが可能となる
▶大災害時における真に手を差し伸べるべき者に対する積極的な支援に活用できる
▶社会保障や税に係る各種行政事務の効率化が図られる
▶ITを活用することにより添付書類が不要となる等、国民の利便性が向上する
▶行政機関から国民にプッシュ型の行政サービスを行うことが可能となる

⬇

実現すべき社会

▶より公平・公正な社会
▶社会保障がきめ細やかかつ的確に行われる社会
▶行政に過誤や無駄のない社会
▶国民にとって利便性の高い社会
▶国民の権利を守り、国民が自己情報をコントロールできる社会

第2章 個人番号制度及び改正住民基本台帳制度等のQ&A

図表2-2 番号制度導入によるメリット〜導入前〜

「住民」と「行政」の両者にとって過重な負担

住民

各種手当の申請時、関係各機関を回って、**添付書類を揃える。**

医療保健者／県庁／年金支給者／市役所

各種手当の申請時に必要となる情報(例)
・住民票関係情報(市町村長)
・地方税関係情報(市町村長)
・障害者関係情報(都道府県知事)
・医療保険給付関係情報(医療保険者)
・年金給付関係情報(公的年金給付の支給者)

各種添付書類等

行政機関・地方公共団体等の間や、各団体内部の業務間における**情報の連携が不足していること**等から、**本来給付を受けることができるが未受給となっている者**がいる一方で、本来給付を受けることができないにもかかわらず**不正に給付を受けている者**がいる状況が発生。

行政

①**確認作業等**に係る業務に**多大のコスト**
・住民に提供されるサービスの受給判定のために、他自治体、関係機関から収受した情報を確認する手間・作業の負担が大きい。
・外部から提供されたデータと自治体内で保管するデータとを結びつける作業時に、転記・照合・電算入力ミスが発生する可能性。
・手作業による事務、書類審査が多く、手間と時間、費用がかかる。
②業務間の**連携が希薄**で、重複して作業を行うなど、**無駄な経費**が多い。

図表2-3　番号制度導入によるメリット～導入後～

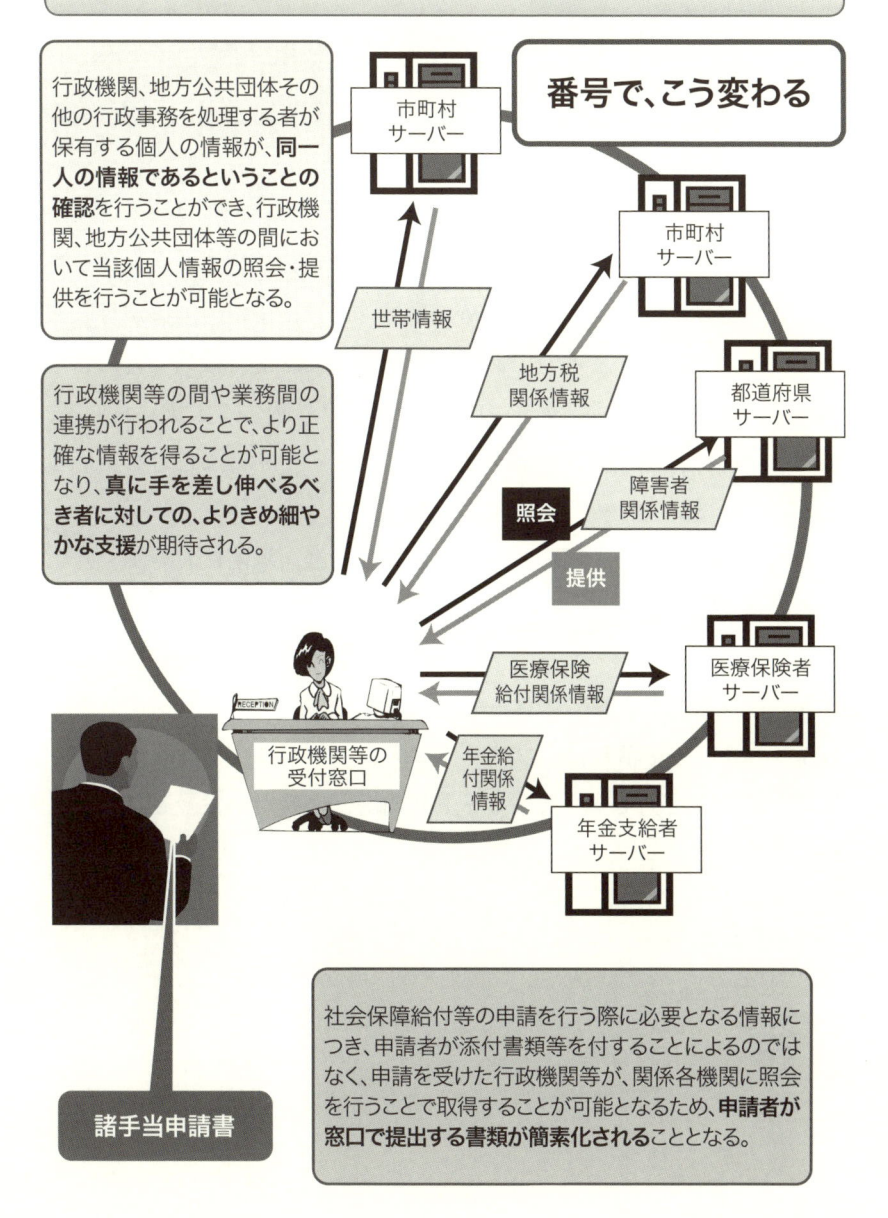

番号で、こう変わる

行政機関、地方公共団体その他の行政事務を処理する者が保有する個人の情報が、**同一人の情報であるということの確認**を行うことができ、行政機関、地方公共団体等の間において当該個人情報の照会・提供を行うことが可能となる。

行政機関等の間や業務間の連携が行われることで、より正確な情報を得ることが可能となり、**真に手を差し伸べるべき者に対しての、よりきめ細やかな支援**が期待される。

市町村サーバー
市町村サーバー
都道府県サーバー
医療保険者サーバー
年金支給者サーバー

世帯情報
地方税関係情報
障害者関係情報
医療保険給付関係情報
年金給付関係情報

照会
提供

行政機関等の受付窓口

諸手当申請書

社会保障給付等の申請を行う際に必要となる情報につき、申請者が添付書類等を付することによるのではなく、申請を受けた行政機関等が、関係各機関に照会を行うことで取得することが可能となるため、**申請者が窓口で提出する書類が簡素化される**こととなる。

Q2 個人番号には何を用いるのですか。

A

　個人番号は、所得等の情報を把握し、それらの情報を社会保障や税等の分野で効率的に活用するための番号であり、また、国民が行政機関等の窓口で提示する番号である必要がありますが、行政手続における特定の個人を識別するための番号の利用等に関する法律において、個人番号には、住民票コードを変換して得られる新たな番号を用いることとされています。

　個人番号として何を用いるかについては、検討段階において、
① 基礎年金番号
② 住民票コード
③ 住民票コードに対応にした新たな番号
の3つの選択肢を示し、パブリックコメントがなされましたが、その結果も踏まえた上で、住民票コードに対応した新たな番号とされたものです。

Q3 なぜ、個人番号という住民票コードとは別の番号を新たに生成するのですか。

A

　住民票コードは、民間利用が禁止され、本人確認情報を利用する行政機関等においても、目的外利用やデータマッチングが禁止されるなど厳格な利用制限がかけられた番号として導入され、これまで運用されてきたところです。

　仮に住民票コードをそのまま個人番号として利用するとなると、厳格な利用制限をかけたこれまでの運用を大幅に変更する必要があることから、住民票コードを変換して得られる新たな番号を生成することとしたものです。

　これにより、住民票コードは個人番号や情報連携を行うために必要な符号を生成するために用いるなど、引き続き、地方公共団体など限られた行政機関のみが保有する番号として限定的に使用することとし、「民―民―官」での利用が想定される個人番号については、住民票コードを使わず、新たな番号とすることが適当であると考えられたものです。

第2章 個人番号制度及び改正住民基本台帳制度等のQ&A

Q4 住民票コードが変更された場合、個人番号も変更されるのですか。

A

　個人番号には住民票コードを変換して得られる新たな番号を用いることとされていますが、住民票コードを変更した場合であっても個人番号が連動して変更されることはありません。

Q5 死亡者にも個人番号は付番されるのですか。

A

　個人番号の付番対象は、施行日（平成27年10月を予定）において住民基本台帳に記録されている者であり、施行日時点での死亡者、日本国内に住所を有しておらず住民基本台帳に記録されていない者は個人番号の付番対象とはなりません。

　本人が死亡した場合においても、行政機関等においてその者の個人番号を利用する必要がある場合が想定されるため（例えば、相続の際の税務手続や遺族年金の支給事務における死亡した者の個人番号の利用等）、本人が死亡した以後も、その者の個人番号は有効に利用できることとしています。

　したがって、番号法上の個人番号に関する諸規定については、例えば「個人番号の漏えい、滅失又は毀損の防止その他の個人番号の適切な管理のために必要な措置を講じなければならない」とする番号法第12条第1項の規定など、死者の個人番号にも適用があるものです。一方、個人番号を含む個人情報である特定個人情報には、個人情報の定義が「生存する個人に関する情報」（行政機関個人情報保護法第2条第2項）とされているため、死者の情報は含まれないこととなります。

Q6 外国人にも付番されるのですか。

A

　平成24年7月9日より、中長期在留者（我が国に在留資格をもって在留する外国人であって、3月以下の在留期間が決定された方や短期滞在・外交・公用の在留資格が決定された方等以外の方）や特別永住者といった一定の外国人の方々についても、住民基本台帳に記載されており、さらに平成25年7月8日からは、これらの方々の情報も住民基本台帳ネットワークシステムの適用対象となっています。

　こういった住民基本台帳法の対象となっている外国人の方々については、日本国民たる住民と同様、情報をより的確に把握し、かつ行政サービスを過誤なく給付する必要があることから、個人番号が付番されることとなっています。

Q7 個人番号は変更できるのですか。

A

　個人番号は高度の個人識別機能を有することから、漏えいして不正に用いられた場合には、個人情報の不当な集積がなされ、また成りすましによる被害が生じるなどのおそれがあります。

　そこで、このような被害を防止するため、個人番号が漏えいして不正に用いられるおそれがある場合については、行政手続における特定の個人を識別するための番号の利用等に関する法律第7条第2項の規定において、本人の請求又は市町村長の職権により、個人番号を変更することとされています。

　具体的に個人番号が変更できる場合としては、
① ある個人番号が漏えいし、インターネット上で不特定多数の者が閲覧できる状態に置かれた場合
② 特定個人情報とともに名簿業者等で売買された場合
③ 個人番号が記載されることとなる個人番号カードや通知カードを盗難等により紛失した場合

などが考えられます。

Q8 個人番号が付番された後、海外への転出、海外からの転入を繰り返した場合、以前に付番された個人番号は引き継がれるのですか。

A

　基本的には、海外からの転入後も海外への転出前に付番された個人番号が引き継がれることとなり、同じ番号を使用することとなります。

　なお、個人番号が付番される前（施行日前）に海外へ転出した場合には、その後、海外から転入した際に新たな個人番号が付番されることとなります。

Q9 個人番号はどのような分野で利用されるのですか。

A

　個人番号が利用できる範囲は、原則として行政手続における特定の個人を識別するための番号の利用等に関する法律の別表第1に全て記載されていますが、

① 保険料納付や給付申請などの社会保障分野の事務
② 国税、地方税の賦課・徴収事務
③ 被災者生活再建支援金の支給など災害対策分野の業務

を行う国や地方公共団体の機関、及びこれらの事務に係る申請等を行う国民が、その事務に必要な限度で、利用できることと定められています。

　具体的には、年金に関する相談・照会時などに個人番号を利用できるほか、確定申告などの各種税務手続において個人番号の告知を求められるようになります。また、社会保障の低所得者対策として、公営住宅の管理に関する事務や日本学生支援機構による奨学金の貸与に関する事務についても利用できることとされています。

　さらに、これらのほか、社会保障、地方税、防災に関する事務その他これらに類する事務であって地方公共団体が条例で定める事務にも利用できることとされており、条例を制定することで地方公共団体が独自に利用することも認められています。

図表2-4 社会保障分野における番号の利用例

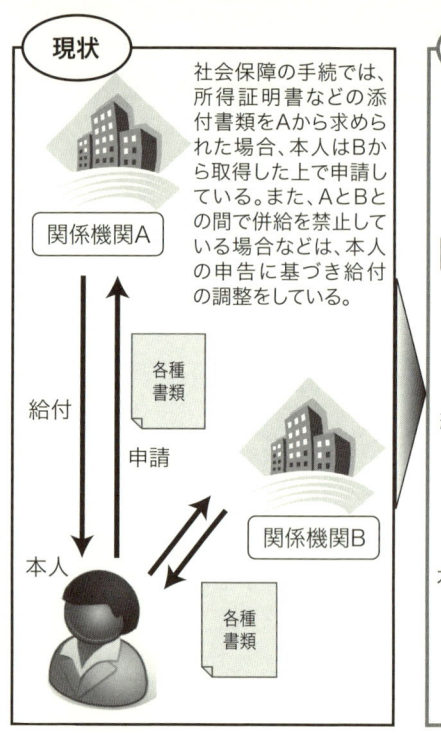

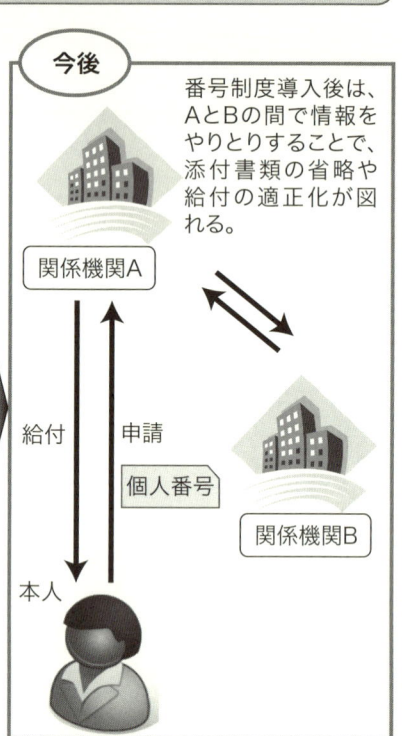

現状

社会保障の手続では、所得証明書などの添付書類をAから求められた場合、本人はBから取得した上で申請している。また、AとBとの間で併給を禁止している場合などは、本人の申告に基づき給付の調整をしている。

今後

番号制度導入後は、AとBの間で情報をやりとりすることで、添付書類の省略や給付の適正化が図れる。

① **所得証明書等の添付省略**
　→国民年金保険料の免除、児童扶養手当の支給、高額療養費の決定　等

② **住民票の添付省略**
　→未支給年金の請求、児童扶養手当の支給申請、雇用保険における未支給の失業等給付の申請　等

③ **異なる制度間における給付調整の確実性の向上**
　→傷病手当金の支給申請者に関する障害厚生年金等の給付状況の確認　等

1 個人番号制度のQ&A

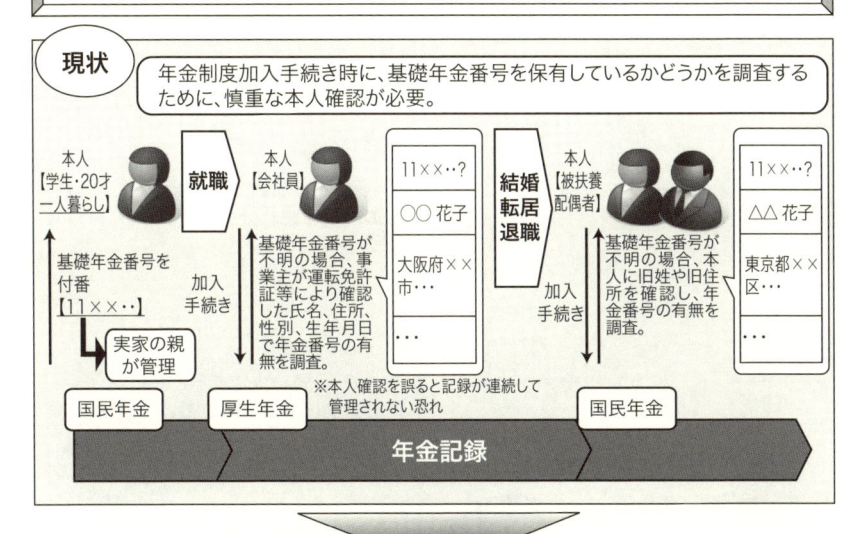

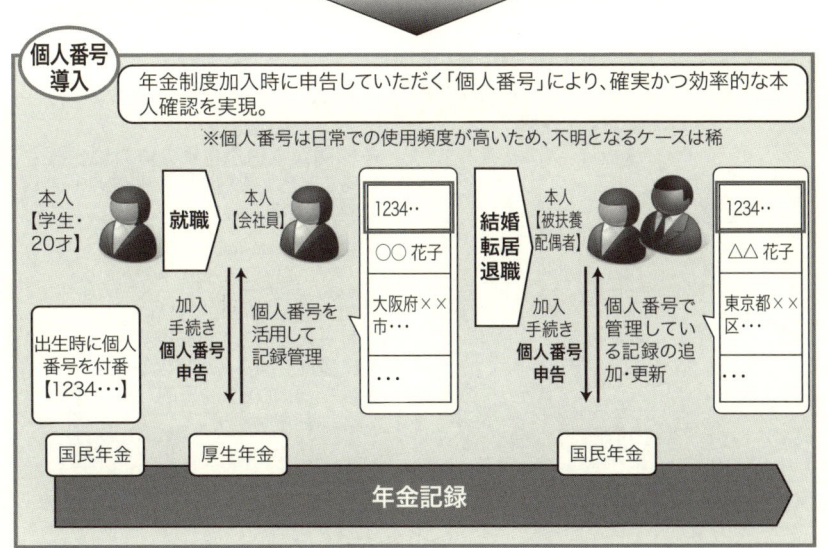

図表2-5　年金分野における番号の利用例

「個人番号」の導入により、より確実かつ効率的な本人確認、記録の管理が可能

現状　年金制度加入手続き時に、基礎年金番号を保有しているかどうかを調査するために、慎重な本人確認が必要。

本人【学生・20才一人暮らし】 → 就職 → 本人【会社員】

基礎年金番号を付番【11××‥】
実家の親が管理

加入手続き

11××‥?
○○花子
大阪府××市‥
…

基礎年金番号が不明の場合、事業主が運転免許証等により確認した氏名、住所、性別、生年月日で年金番号の有無を調査。

※本人確認を誤ると記録が連続して管理されない恐れ

結婚転居退職 → 本人【被扶養配偶者】

加入手続き

基礎年金番号が不明の場合、本人に旧姓や旧住所を確認し、年金番号の有無を調査。

11××‥?
△△花子
東京都××区‥
…

国民年金 → 厚生年金 → 国民年金　年金記録

個人番号導入　年金制度加入時に申告していただく「個人番号」により、確実かつ効率的な本人確認を実現。

※個人番号は日常での使用頻度が高いため、不明となるケースは稀

本人【学生・20才】 → 就職 → 本人【会社員】

出生時に個人番号を付番【1234‥】

加入手続き
個人番号申告

個人番号を活用して記録管理

1234‥
○○花子
大阪府××市‥
…

結婚転居退職 → 本人【被扶養配偶者】

加入手続き
個人番号申告

個人番号で管理している記録の追加・更新

1234‥
△△花子
東京都××区‥
…

国民年金 → 厚生年金 → 国民年金　年金記録

77

第2章 個人番号制度及び改正住民基本台帳制度等のQ&A

図表2-6 税分野における番号の利用例

市役所が個人住民税の賦課計算を行う場合に、納税者の所得情報を正確かつ効率的に把握できるようになります。

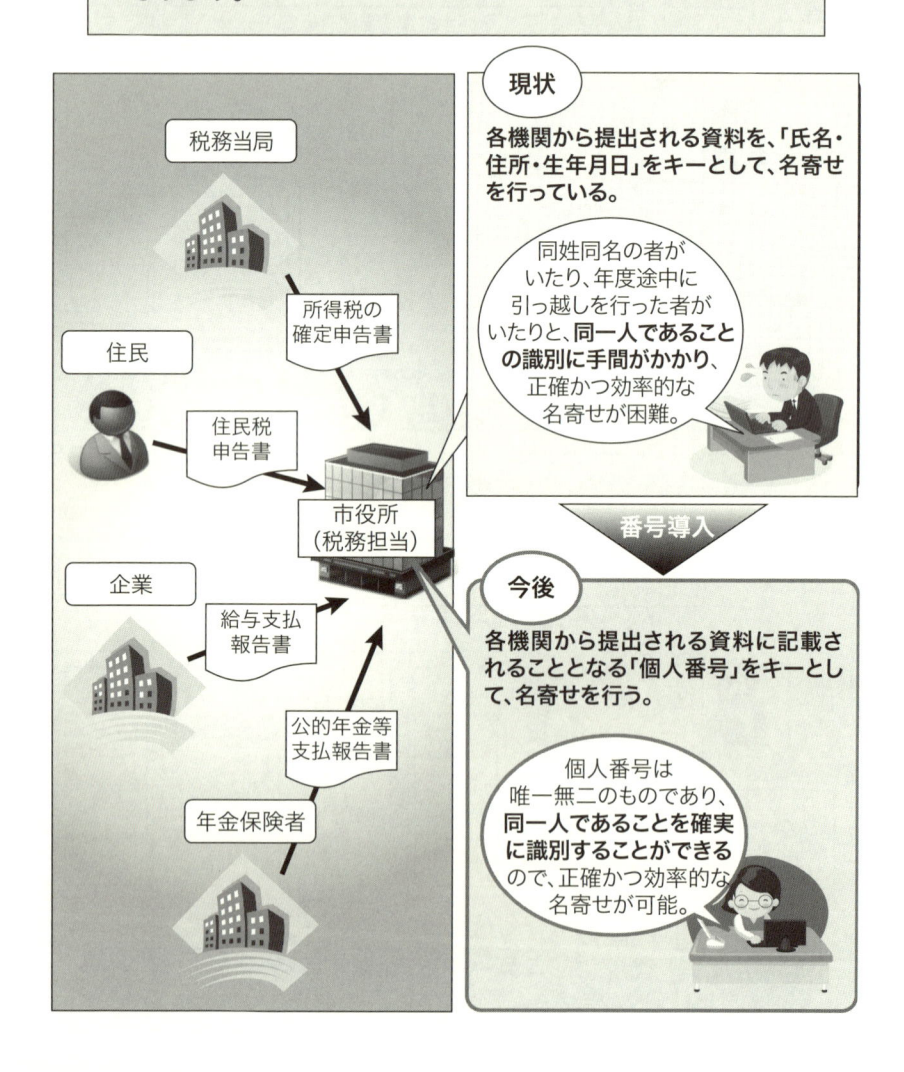

現状

各機関から提出される資料を、「氏名・住所・生年月日」をキーとして、名寄せを行っている。

同姓同名の者がいたり、年度途中に引っ越しを行った者がいたりと、**同一人であることの識別に手間がかかり**、正確かつ効率的な名寄せが困難。

税務当局 → 所得税の確定申告書 → 市役所（税務担当）
住民 → 住民税申告書 → 市役所（税務担当）
企業 → 給与支払報告書 → 市役所（税務担当）
年金保険者 → 公的年金等支払報告書 → 市役所（税務担当）

番号導入

今後

各機関から提出される資料に記載されることとなる「個人番号」をキーとして、名寄せを行う。

個人番号は唯一無二のものであり、**同一人であることを確実に識別することができる**ので、正確かつ効率的な名寄せが可能。

Q10 医療情報等の機微な個人情報については、今回の番号法の対象になっていないのですか。

A

　今回の行政手続における特定の個人を識別するための番号の利用等に関する法律の対象としては、社会保障の分野でも、例えば、年金に関する相談・照会や、年金、医療、介護、福祉、労働分野における正確で適正な給付等に番号が活用されることとされています。

　一方で、特に機微性の高い医療情報等、具体的には、例えば、診療や投薬の記録などについては、その機微性や特性に配慮した特段の措置について検討する必要があると考えられることから、今回の番号制度の対象に入っておらず、今後の検討課題とされています。

Q11 個人番号を民間でも広く「独自」利用できるようにしないのはなぜですか。

A

行政手続における特定の個人を識別するための番号の利用等に関する法律では、個人番号そのものを民間で「独自」利用することは、個人番号の利用範囲に規定されておらず、禁止されています。

個人番号の利用範囲については、民間でも幅広く利用できるようにすることが国民の利便性向上に資するという意見がある一方で、プライバシー保護等の面から幅広く利用することに懸念を抱く意見もあることから、まずは社会保障分野、税分野等に利用範囲を限定することとされたものです。

なお、将来的な、個人番号の利用範囲の拡大については、同法の附則第6条第1項において、法律の施行後3年を目途として、法律の規定について検討を加え、必要があると認めるときは、その結果に基づいて、国民の理解を得つつ、所要の措置を講じることとされています。

Q12 民間企業で個人番号を利用するのはどのような場合でしょうか。

A

　今回の行政手続における特定の個人を識別するための番号の利用等に関する法律では、民間における番号の独自利用は認められていませんが、社会保障や税等の分野での様々な手続などにおいて個人番号が活用されることとされており、民間企業においても、健康保険や企業年金など社会保障分野に関する手続、税分野での手続などを行う際等に従業員の個人番号を扱うことがあります。

　具体的には、健康保険法による保険給付の支給や保険料等の徴収に関する事務、確定給付企業年金法による年金である給付や一時金の支給を行う際に個人番号を利用したり、税務署に提出する法定調書等に従業員や株主等の個人番号を記載することなどが考えられます。

　さらに、国や地方公共団体等から個人番号を扱う事務を委託した場合などにも番号を扱うことが想定されます。

第2章 個人番号制度及び改正住民基本台帳制度等のQ&A

Q13 個人番号導入のスケジュールはどのようになっているのですか。

A

　具体的なスケジュールについては、今後、政令の定め等により決まることとなりますが、平成27年10月から通知カードによる個人番号の通知が開始され、平成28年1月から個人番号の利用と個人番号カードの交付が開始される予定とされています。

　また、情報提供ネットワークシステム及びマイ・ポータルについては、その1年後の平成29年1月から運用が開始され、国の機関間の情報連携については同日から、地方公共団体との連携については同年7月から実施される予定となっています。

　個人番号導入に当たっては、国や地方公共団体等でもこれらの日程を念頭にして、準備を進めることが必要とされています。

1 個人番号制度のQ&A

図表2-7 社会保障・税番号制度導入のロードマップ（案）

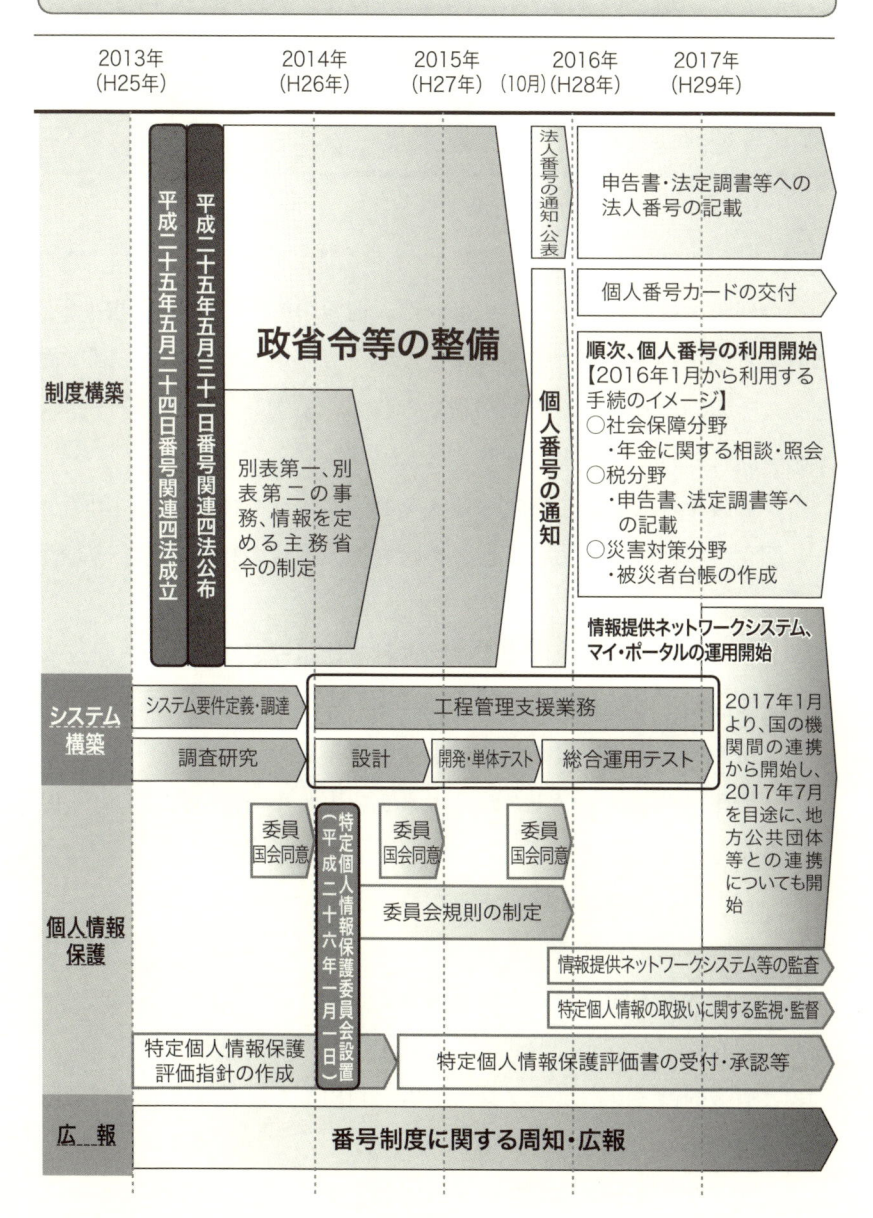

	2013年(H25年)	2014年(H26年)	2015年(H27年)	2016年(H28年)(10月)	2017年(H29年)
制度構築	平成二十五年五月二十四日番号関連四法成立 / 平成二十五年五月三十一日番号関連四法公布	政省令等の整備 / 別表第一、別表第二の事務、情報を定める主務省令の制定		法人番号の通知・公表 / 個人番号の通知	申告書・法定調書等への法人番号の記載 / 個人番号カードの交付 / 順次、個人番号の利用開始【2016年1月から利用する手続のイメージ】○社会保障分野・年金に関する相談・照会 ○税分野・申告書、法定調書等への記載 ○災害対策分野・被災者台帳の作成 / 情報提供ネットワークシステム、マイ・ポータルの運用開始
システム構築	システム要件定義・調達 / 調査研究	工程管理支援業務 / 設計	開発・単体テスト	総合運用テスト	2017年1月より、国の機関間の連携から開始し、2017年7月を目途に、地方公共団体等との連携についても開始
個人情報保護	特定個人情報保護評価指針の作成	委員国会同意 /（特定個人情報保護委員会設置）（平成二十六年一月一日）/ 委員会規則の制定 / 特定個人情報保護評価書の受付・承認等	委員国会同意	委員国会同意 / 情報提供ネットワークシステム等の監査 / 特定個人情報の取扱いに関する監視・監督	
広報		番号制度に関する周知・広報			

Q14 番号制度については、個人情報やプライバシーの侵害を心配する声がありますが、対策は大丈夫でしょうか。

A

　社会保障・税番号制については、個人情報の漏えいや不正利用などに対する懸念が指摘されています。このため、以下のように、制度面とシステム面の両面から措置が講じられています。

　制度面における保護措置としては、
① 　行政手続における特定の個人を識別するための番号の利用等に関する法律の規定によるものを除き個人番号の利用、収集・保管、提供などを禁止
② 　システム上、個人情報が保護される仕組みとなっているかを事前に評価する特定個人情報保護評価の実施
③ 　特定個人情報保護委員会による監視・監督
④ 　情報提供ネットワークシステムを利用した情報提供における提供記録の保存
⑤ 　官民の不当行為を抑止するための罰則の整備

などの措置が講じられています。

　また、システム面における保護措置としては、
① 　個人情報を一元管理せずに分散管理
② 　情報提供ネットワークシステムを利用した情報提供に際して個人番号とは別の符号を使用
③ 　アクセス制御によりアクセスできる者を制限・管理

④　通信の暗号化

などの措置を講ずることとされています。

　このような対策は講じられていますが、とりわけセキュリティの面では、サイバー攻撃が日々巧妙化するなどしていることから、最新の情報技術の動向等にも継続的に目を配り、対策を進化させていく必要があると考えられます。

Q15 アメリカや韓国では、成りすまし被害が発生して問題になっていると聞きますが、日本の番号制度では、そのような問題は起こらないように配慮されていますか。

A

番号を利用した成りすましとしては、
- アメリカにおいては、他人の社会保障番号を利用した年金の不正受給等の事例
- 韓国においては、他人の住民登録番号を不正に入手し、海外からオンラインゲームに登録していた事例

などがあります。

両国においては、本人確認が番号のみによって行われたり、番号に利用制限が設けられていなかったりしており、こうしたことが成りすましの事例の発生に影響したのではないかと考えられます。

行政手続における特定の個人を識別するための番号の利用等に関する法律では、個人番号の利用範囲が法律に限定的に規定されるとともに、写真が表示された個人番号カード等により、カードの提示者が本人であること及び番号が正しいことを確認する厳格な本人確認を義務づけるなどの方策を講じることで、被害の防止を図ることとされています。

Q16 情報提供ネットワークシステムとは何ですか。また、その具体的な仕組みはどのようなものですか。

A 番号制度は、社会保障・税等の情報に個人番号を付して、これら分野間での情報を適切、正確かつ効率的にやり取りすることで、きめ細かい社会保障給付やより正確な所得把握等を実現しようとするものです。

そのため、各機関が持つ情報を効率的かつ安全にやりとりする（情報連携する）システムを構築することとされており、これが情報提供ネットワークシステムです。

これにより、具体的には、例えば、市町村の地方税関係情報を日本年金機構で活用することや、国民が各種申請等を行う際の添付書類の省略等が可能となります。

情報提供ネットワークシステムの構築に当たっては、住民基本台帳ネットワークシステム訴訟の最高裁での合憲判決（最判平成20年3月6日）の趣旨を十分踏まえ、個人情報を一元的に管理することができる機関又は主体が存在しないことを要件とする必要があります。

このため、番号法に基づき整備する情報提供ネットワークシステムでは、個人情報を一元的に集めた共通データベースを作ることはせず、個人情報は従来どおり各機関で管理することとし、原則として行政手続における特定の個人を識別するための番号の利用等に関する法律別表第2で定められた範囲でのみ各機関間で情報連携を認め

る仕組みとなっています。
　さらに、民間にも流通する個人番号を情報連携のキーとして直接用いず、当該個人を特定するために情報提供ネットワークシステム又はそれぞれの情報照会・提供機関のみが保有し、当該個人の個人番号から推測できないように加工された符号を情報連携のキーとして用いることとされています。

1 個人番号制度のQ&A

図表2-8 社会保障・税番号制度のイメージ

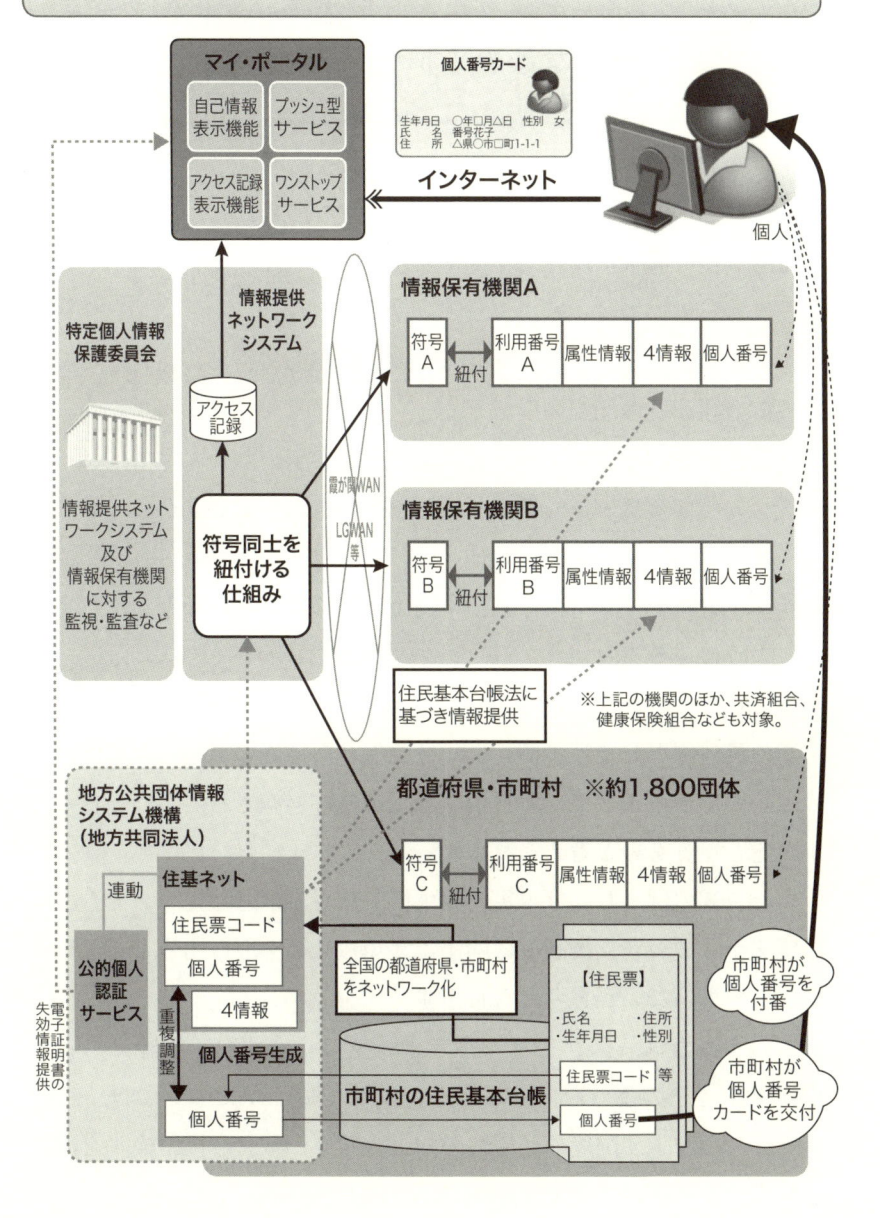

第2章 個人番号制度及び改正住民基本台帳制度等のQ&A

Q17 マイ・ポータルとは何ですか。何ができるようになるのですか。

A

番号制度の導入に向けて準備することとされているいわゆるマイ・ポータルにおいては、

① 情報提供ネットワークシステムを利用して行われた自己に関する情報連携の記録の確認

② 行政機関が保有する自己情報の確認

③ いわゆるプッシュ型サービスと言われる行政機関からのお知らせ情報の表示

④ ワンストップによる各種申請を自宅のパソコンなどから行えるようにすること

が考えられています。

②の具体例としては、例えば、社会保険料控除の対象となる保険料の確認ができることで、所得税の確定申告が軽減されるといったことが可能となるものと考えられます。

また、③の例としては、災害発生後、被災者は避難先からでも、関係機関から被災者支援制度に関するお知らせ等を取得することが可能になるのではないかと考えられます。

このようなユースケースが想定されてはいますが、実際にマイ・ポータルでどのようなサービスを提供していくかについては、行政サービスの向上、国民の利便性の向上の観点から、今後、検討を進めていくこととされています。

1 個人番号制度のQ&A

Q18 個人番号カードはなぜ必要なのですか。また、どのようなことが記載されますか。

A

　個人番号カードは、社会保障分野や税分野等における様々な手続の際に、本人がそれを見て番号を記入し、また、個人番号を利用して事務を行うこととされている者等が、券面の個人番号やICチップに記録された個人番号により顔写真とともに対面で本人を確認し、個人番号を確認するために必要です。

　また、マイ・ポータルへのログイン時など、公的個人認証（電子証明書）を活用したオンラインの本人認証にも用いられることから、オンラインにおいても個人番号カードが必要となるものです。

　その券面には、氏名、住所、生年月日、性別のほか、顔写真や個人番号も記載されることになっています。

　なお、ICチップには、券面記載事項である氏名、住所、生年月日、性別、個人番号などが記録され、社会保障給付の受給状況や所得情報などプライバシー性の高い情報は記録されないこととされています。

図表2-9　個人番号カード、通知カードの交付について

	住民基本台帳カード	個人番号カード	通知カード
1 様式	○住民票コードの券面記載なし ○顔写真は選択制	○個人番号を券面に記載（裏面に記載する方向で検討） ○顔写真を券面に記載	○個人番号を券面に記載 ○顔写真なし
2 作成・交付	○即日交付又は窓口に2回来庁 ○人口3万人未満は委託可能 ○手数料：1000円が主（電子証明書を搭載した場合） ○交付事務は自治事務	○市町村窓口へ1回来庁のみ（顔写真確認等）を想定 ○全市町村が共同で委託することを想定。民間事業者の活用も視野 ○手数料：今後検討 ○交付事務は法定受託事務	○全国民に郵送で送付するため、来庁の必要なし。 ○全市町村が共同で委託することを想定。民間事業者の活用も視野 ○手数料：なし ○交付事務は法定受託事務
3 利便性	○身分証明書としての利用が中心	○身分証明書としての利用 ○個人番号を確認する場面での利用（就職、転職、出産育児、病気、年金受給、災害等） ○市町村、行政機関等による付加サービスの利用 ○電子証明書による民間部門を含めた電子申請・取引等における利用	○個人番号カードの交付を受けるまでの間、行政機関の窓口等で個人番号の提供を求められた際に利用可能（番号法に基づく本人確認のためには、通知カードのほか主務省令で定める書類の提示が必要。）

Q19 個人番号の通知に使われる通知カードとはどういうものですか。また、個人番号カードとは何が違うのですか。

A

　通知カードは、市町村長が指定した個人番号を通知するために本人に送付するものであり、氏名、住所、生年月日、性別、個人番号等が記載される予定です。

　この通知カードは、個人番号カードの交付を受けるまでの間、免許証等写真付きの身分証明書と併せて提示すること等により本人確認に活用される予定です。また、個人番号カードの発行の際には、この通知カードと引換えに交付がなされることとなります。

　一方、個人番号カードには、写真も搭載されることから、1枚で本人確認と個人番号の確認の両方が行えるものであり、国民の利便性の観点等からも広く普及することが期待されます。

第2章 個人番号制度及び改正住民基本台帳制度等のQ&A

Q20 通知カード及び個人番号カードは国民全員へ交付されるのでしょうか。

A

　通知カードは住民基本台帳に記録される住民全員へ送付されることとなります。他方、個人番号カードについては、申請により交付されることから、住民全員に必ず交付されるものではありません。

　個人番号カードの交付については、市町村長による住民に対する情報提供などの措置が行政手続における特定の個人を識別するための番号の利用等に関する法律第7条第3項に規定されているところであり、多くの方に取得していただくことが期待されております。

Q21 個人番号カードはどのように取得するのでしょうか。

A

　個人番号カードを取得するためには、行政手続における特定の個人を識別するための番号の利用等に関する法律第17条第1項に基づき、市町村長に交付の申請を行う必要があります。具体的には、通知カードに同封することが予定されている申請書に必要事項を記入し、送付する必要があります。その後、市町村から交付通知書が届いた後、市町村の庁舎などに来庁し、窓口で本人確認を受けた上で個人番号カードの交付を受けることとなります。

第2章 個人番号制度及び改正住民基本台帳制度等のQ&A

Q22 外国人は個人番号カードを取得することができるのでしょうか。

A

　住民基本台帳に記録される外国人住民（観光などの短期滞在者等を除いた、適法に3か月を超えて在留する外国人であって住所を有する者など）については、個人番号が付番され、通知カードが送付されるとともに、申請により個人番号カードを取得することができます。

Q23 個人番号カードの有効期間はどうなるのでしょうか。

A

　個人番号カードの有効期間については、今後、総務省令で定めることとなりますが、現行の住民基本台帳カードの有効期間が10年と定められていることから、10年が基本となると考えられます。

　ただし、子どもについては、大人と違い、容姿が年月の経過に伴い大きく変わることから、別に有効期間を定める必要があると考えられます。

　カード発行時の年齢が20歳以上の場合は10年、20歳未満の場合は5年が想定されています。

Q24 個人番号カードの成りすまし取得については、どのように防止するのでしょうか。

A

　個人番号カードは、券面に個人番号が記載され、就職、子育て、年金受給等における本人確認に利用されることとなり、活用の場面が増大するため、成りすましによって取得された場合、大きな被害が出ることが懸念されます。

　したがって、成りすまし等によるカードの不正取得を防止することは大変重要であり、市町村の窓口において、個人番号カードを交付する際に、

① 運転免許証や住民基本台帳カードといった顔写真付きの本人確認書類の提示を求めること

② そのような本人確認書類が提出できない方には、郵送等により住居に送付された書類と市町村長が適当と認める書類（健康保険証など）を持参させること

などの厳格な本人確認が必要であると考えられます。

　本人確認の具体的な方法については、今後、政令や総務省令などで定められることとなります。

1 個人番号制度のQ&A

Q25 個人番号を利用できない事業者が、個人番号カードの身分証明書機能を利用する際、個人番号カードの券面に記載されている個人番号を見ることや、コピーをとること、個人番号をメモすることは、番号法に違反するのでしょうか。

A

　行政手続における特定の個人を識別するための番号の利用等に関する法律では、個人番号の提供を受けることができる場合等を限定するとともに、それ以外の場合には何人も個人番号の提供を求めてはならないこととし（同法第15条）、個人番号を収集し、又は保管してはならないこととされています（同法第20条）。

　同法に違反する行為が行われた場合においては、個人番号情報保護委員会は、違反行為の中止等必要な措置をとるべき旨を勧告することができることとされており、当該勧告に係る措置がとられなかったときは、措置命令を課すことができます（同法第51条）。

　また、当該措置命令に反する場合には、2年以下の懲役又は50万円以下の罰金に処することとなります（同法第73条）。

　個人番号を見る行為自体は、同法第15条、第20条に反するとまでは言えませんが、個人番号カードに記載された個人番号も含めて個人番号カードを複写し保管する行為は、同法第20条に規定する特定個人情報の収集、又は保管に該当するため、当該行為をした場合には第20条違反となります。

なお、個人番号カードは個人番号を利用しない場合でも本人確認書類として利用できるため、番号の告知を求めてはならない者が、券面をコピーするなどして個人番号を取得してしまうことがあり得ることに配慮して、個人番号はカードの裏面に記載する方向で検討されています。

Q26 現行の住民基本台帳カード、公的個人認証サービスから新たな個人番号カードへの移行は、具体的にどのように行うのでしょうか。

A

　既に発行済みの住民基本台帳カードや公的個人認証サービスの電子証明書は、個人番号カードの交付が開始された後も、有効期間内（住民基本台帳カード10年、電子証明書3年）はそのまま使えるよう、行政手続における特定の個人を識別するための番号の利用等に関する法律の施行に伴う関係法律の整備等に関する法律第21条で経過措置を講じております。当該住民基本台帳カードや当該電子証明書の有効期間が切れた場合は、新たに個人番号カードの交付を受けていただくことになります。

　また、有効期間内であっても、住民基本台帳カードや電子証明書をお持ちの方が個人番号カードを取得する場合には、住民基本台帳カードは失効することとしており、電子証明書も二重発行を禁止していることから、住民基本台帳カードを返納してもらい、電子証明書を失効させて、新たに個人番号カードを交付することとなります。

Q27 個人番号カードのICチップを活用することはできるのでしょうか。

A

　個人番号カードは住民基本台帳カードと同様、ICカードとすることが予定されております。カードのICチップの空き領域については、市町村については条例で定めるところにより、政令で定めるもの（民間事業者等）については政令で定めるところにより、総務大臣が定める安全基準に従って利用することができることとされております。

Q28 現行の住民基本台帳カードの独自利用サービスについてはどのようになるのでしょうか。

A

　住民基本台帳カードにおいては、市町村が条例で定めることにより、コンビニでの各種証明書の取得等、市町村独自のサービスを提供することが可能となっています。
　このような条例利用サービスについては、個人番号カードにおいても引き続き提供できることとされております。

第2章 個人番号制度及び改正住民基本台帳制度等のQ&A

> Q29 現在、住民基本台帳カードを用いて証明書類のコンビニ交付が行われていますが、個人番号カードになるとどう変わるのでしょうか。

A……………………………………………………

　コンビニ交付サービスについては、現在行われている利用者ID（条例利用において利用者を識別する市町村独自のID）による仕組みに加え、新たに個人番号カードに搭載される公的個人認証サービスにおける利用者証明用電子証明書を用いた仕組みが検討されております。

　利用者証明用電子証明書を用いた仕組みにおいては、市町村においてコンビニ交付を開始するための条例を制定する必要がないとともに、個人番号カードに独自のアプリケーションを搭載する必要がないことなどから、市町村においては、従来に比べ導入しやすくなると考えられます。

Q30 通知カードや個人番号カードの券面記載事項が変更された場合、カードはそのまま使用できるのでしょうか。

A

通知カード及び個人番号カードの詳細な取扱いについては、今後定められる政省令で定められることとなりますが、住民基本台帳カードと同様、通知カードや個人番号カードには追記欄を設けることが予定されております。したがって、住所変更など券面記載事項に変更があった場合には、その旨を追記欄に記載した上で引き続きカードを使用する取扱いになると考えられます。

Q31 特定個人情報保護委員会とは何ですか。

A

　番号制度の検討においては、主に社会保障・税分野で用いられる個人番号付きの個人情報（特定個人情報）の機微性の高さや、いわゆる「見える番号」であり特定個人情報の授受が行われることに伴う不正利用や漏えい等の危険性が増大するといった懸念への対応策として、個人情報保護のための第三者機関として、特定個人情報保護委員会を設置することとされました。

　具体的には、独立性の高い、いわゆる三条委員会型の委員会として、公正取引委員会と同じく内閣府設置法第49条に基づいて設置される機関であり、個人情報保護や情報処理技術に関する学術研究者などを含む、委員長と最大6名の委員で構成され、委員長及び委員は国会の同意を得て内閣総理大臣が任命することとされています。

　委員会は、個人番号を取り扱う者に対する監視・監督のため、これらの者に対する指導・助言、勧告・命令、報告徴収・立入検査を行う権限や、関係行政機関の長に対してシステムの構築及び維持管理に関して必要な措置を求める権限などを有するほか、個人番号等の保護に関する施策に関し内閣総理大臣に意見を述べる権限などを有しています。

Q32 特定個人情報保護評価とは何ですか。

A

特定個人情報ファイル（個人番号をその内容に含む個人情報ファイル（個人情報を電子計算機等を用いる等により検索できるように体系的に構成したもの））を保有したり変更したりするに当たり、プライバシーや特定個人情報へ及ぼす影響を事前に評価し、その保護のための措置を講じる仕組みのことで、アメリカ、カナダ、オーストラリア、イギリス等で行われているプライバシー影響評価（PIA; Privacy Impact Assessment）に相当するものです。

行政手続における特定の個人を識別するための番号の利用等に関する法律では、行政機関の長、地方公共団体の長等は、特定個人情報ファイルを保有しようとするとき等に、特定個人情報保護評価を実施することが義務付けられています。

その実施時期ですが、特定個人情報保護ファイルを保有しようとする前、できれば、評価の結果に基づき、システム設計を変更できるようにするため、システム開発の前の要件定義段階で実施することが望ましいと考えられます。また、特定個人情報ファイルについて、重要な変更を加えようとするときも、再度評価を実施することとされています。

なお、これらの取扱いの詳細については、最終的には、特定個人情報保護委員会から示される予定です。

Q33 現行の個人情報保護法制と比べて、番号法の罰則は強化されているようですが、具体的にどのようになっていますか。

A

　行政手続における特定の個人を識別するための番号の利用等に関する法律（以下「番号法」という。）では、より慎重な特定個人情報の取扱いを促し、不法な取扱いを抑止する観点から、現行の個人情報保護法制よりも罰則を強化することとされています。

　具体的には、例えば、行政機関の保有する個人情報の保護に関する法律において、行政機関の職員が個人情報ファイルの漏えいを行った場合、「2年以下の懲役又は100万円以下の罰金」であるのに対し、番号法においては、その倍である「4年以下の懲役若しくは200万円以下の罰金」又はその両方を科すことができると規定されているほか、現行法において直接罰を科すことができない民間事業者に対しても、行政機関の職員などと同様に直接罰の対象とされているといった違いがあります。

Q34 法人番号はどのような内容のものですか。また、なぜ必要なのですか。

A

　行政手続における特定の個人を識別するための番号の利用等に関する法律では、個人番号とは別に、国税庁長官が、法人等に対して法人番号を指定し、通知することとされています。

　これまで、我が国には、分野横断的に特定の法人等を一律に識別可能な固有の番号が存在していなかったため、法人情報の正確な名寄せや突合には限界があったところです。

　今回、新たに法人番号を導入することで、例えば、税務当局に提出させる各種申告書や法定調書に法人番号が記載されることにより、法人の所在地や名称が変更されても法人を特定し、その法人の税務情報を効率的かつ正確に名寄せ・突合することが可能となり、行政事務の効率化や課税の公正化が図られます。

　また、個人番号とは異なり、法人番号は民間でも自由に利活用できる番号とされており、民間に利活用されやすい形で法人等の商号又は名称、本店又は主たる事務所の所在地及び法人番号が原則として公表されることとなっています。

Q35 番号制度導入の費用対効果は、どのように見込んでいますか。

A

　番号制度の導入に係る費用としては、新規にシステム開発を要する個人番号の付番関係システムや情報提供ネットワークシステムの構築等に約320億円が見込まれているほか、地方公共団体など、個人番号を取り扱うそれぞれの機関において既存システムの整備が必要となることから、国と地方公共団体を合せた総額で、2,600億円程度が見込まれています。

　一方、番号導入により期待される効果については、制度導入により、法定調書の名寄せ・突合を効率的に行うことが可能となり、所得把握の正確性が向上するとともに、真に手を差し伸べるべき人に対する社会保障の充実、負担・分担の公平性が一層確保されると期待されます。

　また、様々な手続において、従来求められていた住民票や所得証明書等の添付書類が削減されるほか、マイ・ポータルを活用して行政機関から国民へのきめ細かな「お知らせサービス」が提供されるなど、国民の利便性向上に資するものと考えられます。

　さらに、行政の効率化が図られ、限られた行政資源を国民サービスの充実のために、より重点的に配分することも可能となるなど、番号制度導入により、様々なメリットが生まれるものと考えられます。

2 住民基本台帳法改正のQ&A

Q1 住民基本台帳法の改正内容はどのようなものでしょうか。

A

　行政手続における特定の個人を識別するための番号の利用等に関する法律の施行に伴う関係法律の整備等に関する法律による住民基本台帳法の主な改正点は次のとおりです。

① 　個人番号を住民票の記載事項に追加し、本人等からの特別の請求がある場合に限り、個人番号を記載した住民票の写し等を交付するとともに、個人番号を住民基本台帳ネットワークシステム（以下「住基ネット」という。）で取り扱う本人確認情報（氏名、生年月日、性別、住所、住民票コード等）の一つとして位置付けることとします。

② 　個人番号を利用する情報保有機関に対し、個人番号を含む本人確認情報を住基ネットから提供できるよう、行政手続における特定の個人を識別するための番号の利用等に関する法律（以下「番号法」という。）に基づき本人確認情報を利用できる者及び事務を別表に追加することとします。

③ 　社会保障・税番号制度の根幹となる住基ネットの安定的な運用を可能とするため、各都道府県知事が指定情報処理機関へ事

務を委任する仕組みを廃止し、財団法人地方自治情報センターを承継し地方公共法人として設立される地方公共団体情報システム機構が都道府県知事から通知を受けた本人確認情報を保存し、提供することとします。

④　番号法に基づき市町村長が個人番号カードを交付することに伴い、住民基本台帳法上の住民基本台帳カードに関する規定を削除することとします。

⑤　番号法では、個人番号利用事務等について、委託を受けた者のみならず、委託を受けた者からさらに委託を受けた者についても特定個人情報の安全確保義務を課すとともに、秘密漏えい者については罰則を適用することとしています。これと同様に、住民基本台帳法においても、既存の住民基本台帳システムや住基ネットに関する電子計算機処理等について、国の機関や都道府県から委託を受けた者のみならず、委託者から更に委託を受けた者に対しても安全確保義務や秘密保持義務を課し、秘密漏えい者に罰則を課すこととします。

2 住民基本台帳法改正のQ&A

Q2 住民基本台帳法の改正の施行時期はどのようになっていますか。

A

　住民基本台帳法（以下「住基法」という。）の改正の施行時期は、行政手続における特定の個人を識別するための番号の利用等に関する法律（以下「番号法」という。）の施行時期にあわせて3段階で行うこととされています。

　住基法の第1段階の改正は、番号法において同法の施行日（平成27年10月を想定）から個人番号の付番を行うこととしていることにかんがみ、付番と密接に関連するものです。

　具体的には、付番した個人番号を住民票に記載するとともに、本人確認情報に追加するための改正、指定情報処理機関に代わって、地方公共団体情報システム機構がその役割を担うこととするための改正となっています。

　住基法の第2段階の改正は、番号法において公布の日から起算して3年6月を超えない範囲内において政令で定める日（平成28年1月を想定）から個人番号の利用や提供ができることとしていることに鑑み、個人番号の利用や提供を行うためのものです。

　具体的には、番号法に基づき個人番号を利用することができる機関及び事務（番号法別表第1に掲げる機関及び事務）を住基法の別表に追加し、これらの機関に個人番号を含む本人確認情報を提供するための改正です。

　住基法の第3段階の改正は、番号法において公布の日から起算して

4年を超えない範囲内において政令で定める日(平成29年1月を想定)から情報提供ネットワークシステムを通じた情報連携を行うことができることとしていることに鑑み、情報連携を行うための符号の生成に関係するものです。

具体的には、情報提供ネットワークシステムを管理する総務省に符号の生成の基礎となる住民票コードを提供するための改正となります。

2 住民基本台帳法改正のQ&A

Q3 現行の住民基本台帳ネットワークシステムはどのように役立っているのでしょうか。また、社会保障・税番号制度の導入に伴い、その役割はどのように変わるのでしょうか。

A

　住民基本台帳ネットワークシステム（以下「住基ネット」という。）は、全国の都道府県・市区町村の連携の下、関係者の努力により、平成14年8月以来、約10年間にわたって安定稼働を続けています。

　住基ネットにより、国の行政機関等に本人確認情報（氏名、生年月日、性別、住所、住民票コード等）を提供していますが、平成24年度は、平成23年7月より年金受給者の死亡届、住所変更届の省略を行ったことにより、提供件数がこれまでより大幅に増え、約5億3千万件を提供しています。

　住基ネットの本人確認情報の提供による効果としては、
・旅券の発行時等に必要とされていた住民票の写しを約500万件省略
・年金の現況届出を毎年約4,000万件省略
・年金の住所変更・死亡届出を約200万件省略

等、住民の利便性を向上することができています。

　加えて、平成20年度・21年度の両年度で、約500万人分の年金記録問題の解決に貢献したほか、東日本大震災において住民基本台帳のバックアップのために活用されてきました。

　社会保障・税番号制度においては、住基ネットは次の役割を担うこ

ととされており、社会保障・税番号制度を支える重要なインフラになります。

① 個人番号は住民票コードを変換して得られる番号であり、市町村長が住民票に住民票コードを記載した際に機構から住基ネットを通じて通知される個人番号を住民に通知する。

② 住基ネットが取り扱う本人確認情報に個人番号を追加し、個人番号を含む本人確認情報を国の機関等に提供する。

③ 情報提供ネットワークシステムで情報連携をするための符号を生成するため、住基ネットから情報提供ネットワークシステムに住民票コードを提供する。

Q4 個人番号を住民票記載事項とするのはなぜでしょうか。

A

　住民票には、居住関係の公証その他の住民に関する事務の処理の基礎となる情報を記載することとしています。個人番号については、住民が市町村に様々な行政手続を行う際に告知することが想定され、市町村としては受理した個人番号を確認する事務が想定されることから、個人番号が事務処理の基礎となり得るものとして住民票に記載することとしました。

　また、個人番号は社会保障・税をはじめとした各行政分野で幅広く利用されることになることから、住民票の写し等の交付により住民自身が確認できるようにすることが適当です。

　なお、住民票の写し等を請求したときに、個人番号が記載された住民票の写し等の交付を受けることができるのは、本人等が特別の請求をした場合のみであり、国や地方公共団体、本人等以外（第三者）からの交付の請求があった場合には、個人番号を省略して交付することとされており、みだりに個人番号を記載した住民票の写し等の交付を行わない制度となっています。

Q5 住民票の写し等の交付制度における個人番号の取扱いはどのようになっているのでしょうか。

A

　行政手続における特定の個人を識別するための番号の利用等に関する法律の施行に伴う関係法律の整備等に関する法律により改正する住民基本台帳法により、

① 本人等の請求による住民票の写し等の交付及び広域交付の場合には、特別の請求がない限り、個人番号の記載を省略した写しの交付を行うこと（住民基本台帳法第12条、第12条の4）

② 国又は地方公共団体の機関の請求による住民票の写し等の交付の場合には、個人番号の記載を省略した写しの交付を行うこと（住民基本台帳法第12条の2）

③ 本人等以外の者の申出による住民票の写し等の交付の場合も、個人番号の記載を省略した写し等の交付を行うこと（住民基本台帳法第12条の3）

とされています。

　住民票の写し等の交付に際して、個人番号を記載した写し等の交付を受けることができるのは本人等の請求に限られ、住民票の写し等に対しみだりに個人番号の記載を行わないこととしています。

Q6 社会保障・税番号制度導入後、住民票コードの役割はどのようになるのでしょうか。

A

　住民票コードは、民間利用が禁止され（告知要求制限・データベース構築の禁止）、住民基本台帳ネットワークシステムから本人確認情報を受領する行政機関等においても、目的外利用やデータマッチングが禁止されるなど、厳格な利用制限がかけられたコードとして導入されたものであり、これまで事実上の内部管理番号として運用されてきました。

　社会保障・税番号制度導入後の住民票コードについては、これまでと同様に厳格な利用制限を維持することとしながら、民間でも利用されることとなる個人番号の生成の基礎とするとともに、情報提供ネットワークシステムにおける情報連携に用いる符号の生成の基礎としての役割を担うこととされております。

第2章 個人番号制度及び改正住民基本台帳制度等のQ&A

Q7 今回、住民票コードを変換して新たに個人番号が付番されることになりますが、将来的にも住民票コードと個人番号の2つの番号を持つこととなるのですか。

A

住民票コードは個人番号が付番された後も、引き続き行政機関内部の管理番号として利用されることとなりますので、将来的にも住民票コードと個人番号の2つの番号を持つこととなります。

Q8 個人番号を本人確認情報に位置付けるのはなぜでしょうか。

A

　これまで、本人確認情報は、住民基本台帳ネットワークシステム（以下「住基ネット」という。）上で特定の個人を識別するための情報として、4情報（氏名、住所、生年月日及び性別）、住民票コード及びこれらの変更情報とされ、住民票コードは、住民基本台帳事務を簡易、迅速かつ確実に行うため、4情報のアクセスキーとして位置付けられてきました。

　社会保障・税番号制度導入後は、個人番号利用事務実施者が必要に応じて個人番号や最新の4情報を確認することができるよう、個人番号を4情報と同様に個人の属性として住基ネットの本人確認情報として位置付け、個人番号利用事務実施者の求めに応じて、個人番号及び4情報を提供することとしています。

Q9 指定情報処理機関制度を廃止するのはなぜでしょうか。

A

　市町村が個人番号の付番事務を担うに当たっては、住民票コードと1対1で対応する個人番号を生成する事務を、地方公共団体が共同で実施することにより、個人番号の重複付番を防止し、安定的かつ確実に実施できる体制を整える必要があります。

　個人番号を生成する事務は、住民基本台帳法の指定情報処理機関が行うことが最も効率的ですが、指定情報処理機関制度については都道府県の委任の有無で処理形態が変わる可能性があり、より安定的に事務を実施できる体制にする必要があります。

　また、指定情報処理機関は財団法人であり、これまでガバナンスの強化の必要性が指摘されてきました。

　このため、地方の代表等が参画する意思決定機関・審議機関のガバナンスの下で安定的かつ効率的に事務を実施することができる地方共同法人を新たに設立し、これが住基ネットの業務や個人番号の生成業務等を行うこととし、指定情報処理機関制度を廃止することとしました。

2 住民基本台帳法改正のQ&A

Q10 社会保障・税番号制度導入後、住民基本台帳カードはどうなるのでしょうか。

A

　住民基本台帳カードの累計発行枚数は、平成25年9月末時点において約785万枚となっております。

　住民基本台帳カードは、日常生活や市町村における本人確認に使うことができるほか、インターネットを使った電子申請に使用することができるとともに、市町村が提供するさまざまな独自サービス（コンビニにおける証明書等自動交付、印鑑登録証、図書館カード等）の基盤となっています。

　社会保障・税番号制度導入後においては、住民基本台帳カードは廃止され、行政手続における特定の個人を識別するための番号の利用等に関する法律に基づき、新たに個人番号カードが発行されることになります。個人番号カードは、現行の住民基本台帳カードの機能を基本的に引き継ぐ予定です。

第2章 個人番号制度及び改正住民基本台帳制度等のQ&A

Q11 住民基本台帳カードに関する制度の廃止後、すでに発行された住基カードの取扱いはどのようになるのでしょうか。

A

　行政手続における特定の個人を識別するための番号の利用等に関する法律の施行に伴う関係法律の整備等に関する法律第20条第2項により、既に発行された住民基本台帳カードは、その有効期間が満了するなどにより効力を失うとき、又は新たに個人番号カードの交付を受けるときまでは有効なものとして取り扱うこととしています。
　このことにより、有効期間内の住民基本台帳カードであれば、従前と同様、住民票の写しを取得する際の本人確認書類等として、あるいはコンビニでの証明書取得など市町村が条例による独自利用を行うカードとして使用することができます。

Q12 今回、住民基本台帳法別表に追加される事務はどのようなものでしょうか。

A

　個人番号の利用開始に伴い、個人番号を基礎にして事務処理をすることとなる行政機関等が本人の個人番号カードなどから個人番号の提供を受けることができなかった場合には、本人の4情報等を元に、住民基本台帳ネットワークシステム（以下「住基ネット」という。）から個人番号の提供を受けることができる手段を確保する必要があります。

　行政手続における特定の個人を識別するための番号の利用等に関する法律（以下「番号法」という。）の第2段階の施行により、番号法別表第1に掲げられた事務について、同別表に掲げられた機関は個人番号を利用できることとなりますが、番号法第14条第2項において、個人番号利用事務実施者は、地方共同法人地方公共団体情報システム機構に対し、住基ネットの本人確認情報の提供を求めることができることとしています。

　そこで、番号法の第2段階の施行にあわせて、住民基本台帳法（以下「住基法」という。）についても改正を行い、個人番号利用事務実施者が住基ネットから本人確認情報の提供を受けることができるよう、原則として番号法別表第一に掲げる事務については、住基法の別表第1から第6までに掲げることとしています。

　なお、これまで、住基法の別表では、資格確認事務及び給付事務を掲げてきましたが、番号法の別表では、給付行政に係る事務に加えて、税の賦課徴収事務や費用の徴収事務についても掲げたところであり、これらの事務についても住基法の別表に追加しています。

第2章 個人番号制度及び改正住民基本台帳制度等のQ&A

Q13 住基ネットと社会保障・税番号制度の違いは何でしょうか。

A

　住民基本台帳ネットワークシステム（以下「住基ネット」という。）は、住民基本台帳法に基づき、行政において本人確認情報を利用するための情報基盤として活用されており、国の行政機関等に対し、平成24年度には年間約5億3千万件の本人確認情報が提供され、年間約4千万人分の年金の現況届や年間約500万件の住民票の写しが省略されるなどにより、国民の利便性向上や行政効率の向上が実現しています。

　社会保障・税番号制度は、行政手続における特定の個人を識別するための番号の利用等に関する法律に基づき、民間にも流通する個人番号を用いて、複数の機関に存在する個人の情報を同一人の情報であるということの確認を行う基盤であり、社会保障・税制度の効率性・透明性を高め、国民にとって利便性の高い公平・公正な社会を実現するためのインフラです。

　個人番号は、住民票コードを基にした番号であり、住基ネットを活用することにより、社会保障・税番号制度のシステムについて、二重投資を避け、効率的に構築できることとなります。

3 公的個人認証法改正のQ&A

Q1 公的個人認証法の改正内容はどのようなものでしょうか。

A

電子署名に係る地方公共団体の認証業務に関する法律の改正内容は以下のとおりです。

① マイポータルの利用等に活用できる「電子利用者証明」の仕組みを創設すること。
② 行政機関等に限定していた署名検証者の範囲を拡大すること。
③ 電子証明書の発行手続を簡素化すること。
④ 各都道府県知事が指定認証機関へ事務を委任する仕組みを廃止し、地方公共法人地方公共団体情報システム機構が認証業務を行うこと。

第2章 個人番号制度及び改正住民基本台帳制度等のQ&A

> **Q2** 新設する「電子利用者証明」の内容はどのようなものでしょうか。

A

　自己の個人番号に係る個人情報が行政機関等にどのように提供されたかを確認するため、マイポータルを通じてインターネット上で閲覧できる仕組みを構築することに伴い、ID・パスワード方式に変わるインターネット上の安全なログイン手段として「電子利用者証明」の仕組みを創設するものです。

Q3 署名用電子証明書を活用すれば、利用者証明用電子証明書の機能を担うことができるのではないでしょうか。

A

　現行の「電子署名」は、確定申告書等の書面に行う記名押印に代わるものとして、電子的に作成された文書が真正のものであることを証明するために電子的な署名を行うものであり、当該電子署名を行った者が誰であるかを証明する署名用電子証明書とともに利用され、法律上、電子署名が行われた文書は真正に成立したもの（文書は本人の意思に基づいて作成されたものであること。）と推定されます。

　一方、インターネット上の安全なログイン手段としての「電子利用者証明」では、ログインの際に文書を伴う必要が無く、検証者は、ログインしている者が利用者本人であることさえ分かればよいものです。

　そのため、「電子利用者証明」は利用者が意識せず乱数に暗号化して検証者にログインを求める仕組みとなるため、電子署名と異なり文書の真正性の推定が働く必要はありません。

　また、署名用電子証明書には個人の情報を証明するため、4情報（氏名、生年月日、性別及び住所）を記録する必要がありますが、利用者証明用電子証明書には、4情報を記録する必要がないため、毎回ログインするたびに不必要に4情報を流通させることもありません。

　こうしたことから、マイポータル等を閲覧しようとする場合に、安全かつ簡易にログインできるようにする手段として、「電子利用者証明」の制度が創設されたところです。

Q4 利用者証明用電子証明書による本人確認はどのようにして行うのでしょうか。

A

　利用者証明用電子証明書には、本人の4情報（氏名、生年月日、性別及び住所）が記録されていません。利用者証明用電子証明書が送信されると、受け取った検証者は、利用者証明用電子証明書が有効か否かを地方公共団体情報システム機構（以下「機構」という。）に確認し、返答をもらうこととなります。

　また、機構は、送信者の4情報が記録された署名用電子証明書の発行番号と利用者証明用電子証明書の発行番号を紐づけて管理し、対応する証明書の発行番号を検証者に提供することとしています。これによって、利用者証明用電子証明書を受け取った検証者は、利用者証明用電子証明書に4情報がなくとも送信者が前回送信した者であることを確認できることとなります。

　このように、利用者証明用電子証明書は、毎回ログインするたびにオンライン上に不必要に4情報を流通させることや、検証者に対して不必要に4情報を管理させることなく、オンライン上で安全に本人確認できる手段です。

3 公的個人認証法改正のQ&A

Q5 マイ・ポータルのログインは、公的個人認証サービスの電子証明書を利用するため、安全であるとのことですが、どのように安全なのでしょうか。

A

　成りすまし等を防ぐため、マイ・ポータルでは、セキュリティの高い方法による本人確認を行う必要があります。

　具体的には、マイ・ポータルのログインに当たっては、個人番号カードに格納される電子署名に係る地方公共団体の認証業務に関する法律に基づく電子証明書を利用することが想定されています。

　電子証明書を利用する際には、パスワードを打ち込むことにより(※)、個人番号カードに格納される暗号情報を利用する必要がありますが、一度、カードに格納された暗号情報は、カードの外から決して漏れることがありません。

(※) パスワードは、カード内で処理されるため、電子証明書を利用する際にインターネット上に流れません。

　　この対応は、パスワードをインターネット上に流すID・パスワード方式に比べ、セキュリティの高い認証手段であるといえます。

第2章 個人番号制度及び改正住民基本台帳制度等のQ&A

Q6 電子証明書を個人番号カード以外の電磁的記録媒体に格納できるようにすることは考えられますか。

A

電子証明書を他の電磁的記録媒体に安全に格納するためには、
① ICチップに専用の領域を確保すること。
② 当該領域に電子証明書の記録が可能であること。
③ 当該領域に耐タンパ性を有するなど法令で定められた一定の基準を満たすこと。
が必要であると考えられます。

また、これらの基準に加えて、
① 市町村窓口において、どのように本人の記録媒体であるかを確認するのか
② 当該記録媒体を預かり市町村で電子証明書を格納することが技術的にも運用としても可能か
といった点について慎重に検討する必要があります。

電子証明書は、個人番号カードに標準搭載する予定ですが、今後、利便性の向上のため、個人番号カード以外の記録媒体に電子証明書を格納する道をひらくことも考えられます。

総務省においては、個人番号カード以外の記録媒体に電子証明書を格納することについての調査研究が行われており、今後、そうした研究成果を踏まえ、検討が進むものと考えられます。

Q7 どうして行政機関等に限定していた署名検証者の範囲を拡大するのですか。

A

　社会保障・税番号制度を国民に安心して利用していただくためには、情報連携記録の開示請求を通じて、自己の情報がどのように連携しているのか本人が確認できる手段を国民に提供する必要があります。そのためにも、当該開示請求を行う手段となるマイポータルにログインするために必要な電子証明書が格納された個人番号カードの普及が重要です。

　公的個人認証サービスの民間事業者への拡大については、日本経済団体連合会等からこれまでも要望を受けていたところであります。今後、インターネットによるサービスや電子商取引が普及・発展していくなかで、安全・安心なサービス利用や取引を実現するためには、なりすまし防止や本人確認を確実に行う必要があり、民間事業者がより確実に本人確認を行う環境を整備することの重要性を踏まえ、今回の法改正に盛り込まれたところです。

　これまで行政機関等へのオンライン手続にしか活用できなかった公的個人認証サービスを民間のサービスでも活用できるようにすることにより、個人番号カードの魅力が高まり、その普及の促進につながることが期待されます。

Q8 どのような事業者が署名検証者として認定されるのでしょうか。

A

民間事業者等を署名検証者として認定するにあたっては、
① 公開鍵に対応する秘密鍵を用いて電子署名又は電子利用者証明が行われたことの確認を行うことができるか
② 地方公共団体情報システム機構から提供を受ける失効情報リストで電子証明書の有効性を確認できるか

などの法律で規定されている署名検証者の義務を果たすために必要な基準を満たす必要があります。

総務大臣が認定を行うに際しての民間事業者等が講ずるべきセキュリティ基準等については、今後、総務省において定められる予定です。

3 公的個人認証法改正のQ&A

Q9 公的個人認証サービスの活用が認められた民間事業者であれば、個人の4情報（氏名、住所、生年月日及び性別）が変更された場合、最新の4情報が自動的に提供されるようになるのでしょうか。

A

　公的個人認証サービスを活用する民間事業者は、利用者から署名用電子証明書（4情報（氏名、住所、生年月日及び性別）が記録）の通知を受けると、地方公共団体情報システム機構から、失効情報ファイルの提供を受けて、当該電子証明書が失効していないかどうかを確認することとなります。

　※失効情報ファイル：民間事業者が利用者から通知された電子証明書が失効していないか確認するためのリストであり、利用者の4情報の記載はなく、失効した電子証明書の発行番号が記載されます。

　したがって、4情報が記録された署名用電子証明書が有効であるか否かについて確認することはできますが、最新の4情報が自動的に提供されることはありません。

Q10 電子証明書の発行手続が簡素化されるとのことですが、どのように変わるのでしょうか。

A

　改正前の電子署名に係る地方公共団体の認証業務に関する法律においては、電子証明書やカードのセキュリティ領域に記録する鍵ペア（秘密鍵・公開鍵）を申請者本人が作成することとされていましたが、改正後においては、市町村長が作成することとされました。現在は、各市町村に設置されている鍵ペア生成装置で申請者が自ら鍵ペアを作成しているところですが、改正後はそうした個人が行う手続を省くことができます。

　番号制度導入後、電子証明書の発行件数は現行よりも増加すると見込まれることから、事務の効率化のため、このような改正がなされたところです。

Q11 電子証明書の有効期間はどのようになるのでしょうか。

A

　現行の公的個人認証サービスにおける署名用電子証明書の有効期間は3年とされているところです。これに対し、個人番号カードに搭載予定の署名用電子証明書及び利用者証明用電子証明書については、有効期間を5年とする予定です。

　他方、個人番号カードの有効期間は10年とする予定であることから、電子証明書については、カードの有効期間の途中で少なくとも一度は更新する必要があると考えられます。

第2章 個人番号制度及び改正住民基本台帳制度等のQ&A

Q12 電子証明書の発行には年齢による制限があるのでしょうか。

A

　署名用電子証明書は、15歳未満の者に対しては、原則として発行されない予定です。これに対し、利用者証明用電子証明書については、特段、年齢による制限は予定されていません。

Q13 電子証明書によって個人番号を証明することはできるのでしょうか。

A

　署名用電子証明書には4情報（氏名、生年月日、性別及び住所）が記録されますが、個人番号は記録されません。利用者証明用電子証明書にも個人番号は記録されないことから、電子証明書に記録されている事項によって個人番号を証明することはできません。

　なお、個人番号カードにおいては、公的個人認証サービスのアプリケーションとは別のアプリケーションに個人番号を記録する予定であることから、当該データを利用して個人番号を証明することは考えられます。

4 機構法のQ&A

Q1 地方共同法人を設立する意義は何でしょうか。

A

　社会保障・税番号制度の運営上、全国の市町村が個人に対して付番する個人番号に重複が生じないよう、個人番号を生成する事務を担う主体が確実に設置され、安定的に運営されることが不可欠であり、そのためには、これを法律で担保する必要があります。

　その際、個人情報の国家管理への懸念を払拭する必要があること、個人番号の生成の事務は、地方が共同で運営する住民基本台帳ネットワークシステム（以下「住基ネット」という。）を基礎として実施することが現実的であること等を踏まえると、個人番号を生成する事務は地方の事務として、住基ネットの指定情報処理機関がその事務を担うこととすべきである、と考えられます。ただし、現行制度では、指定情報処理機関への委任は都道府県の任意であり、事務処理形態が委任の有無で変更があり得るため不安定です。

　また、国の行政運営の根幹に関わる社会保障・税番号制度の基盤を担う主体が財団法人であるのは、ガバナンスの面からも不十分といえます。

　そこで、現行の指定情報処理機関制度を廃止し、地方共同法人を法

律に基づいて設置することにより、法人の運営、役員の任命等に関する地方のガバナンスを強化して、社会保障・税番号制度の運営の根幹となる業務（番号生成、住基ネットや公的個人認証サービスの運営等）が確実に実施できるようにしています。

Q2 地方共同法人としての機構の運営の仕組みは、財団法人とどのように異なるのでしょうか。

A

　財団法人は、特別の法律に根拠を持たず、寄附行為において、業務の執行に関する重要な事項を議決する理事会、理事会の諮問に応じ、必要な事項について審議し、助言する評議員会を置いています。

　一方、地方公共団体情報システム機構は、地方公共団体情報システム機構法に基づいて設立される地方共同法人であり、意思決定機関としての代表者会議、有識者によるチェック機関である経営審議委員会、代表者会議の決定した方針に従い業務の執行に携わる執行機関が置かれることとなります。

4 機構法のQ&A

Q3 地方公共団体情報システム機構に置かれる代表者会議、経営審議委員会、執行機関はどのように運営されるのでしょうか。また、当該機構のガバナンスはどのようなものとなるのでしょうか。

A

　代表者会議は、地方三団体が選任する代表や学識経験者により構成され、機構の財務及び業務の方針を決定する意思決定機関です。定款の変更や予算・決算等を議決するほか、理事長、監事の任命、経営審議委員会の委員の任命を行うこととされています。

　経営審議委員会は、代表者会議において任命される学識経験者によるチェック機関であり、理事長は、機構の予算・決算等について、経営審議委員会の意見を聴かなければならないこととされています。

　代表者会議の決定した方針に従い業務の執行に携わる執行機関の役員としては、代表者会議が選任する理事長、監事のほか、理事長が選任する副理事長、理事が置かれ、理事長は、機構を代表し、その業務を総理することとされています。

　地方公共団体情報システム機構は、これらの機関によって、地方共同法人化により強化されたガバナンスの下で、意思決定の透明性を高め、更なる効率的な運営が確保されることとなります。

Q4 機構はどのような業務を行うことになるのでしょうか。

A

　地方共同法人地方公共団体情報システム機構は、住民基本台帳ネットワークシステムに関する業務やLGWAN（総合行政ネットワーク）の運営等の業務のほか、

①　個人番号の生成等、行政手続における特定の個人を識別するための番号の利用等に関する法律に規定される業務

②　財団法人自治体衛星通信機構から承継される公的個人認証に関する業務

を担うこととなります。

　これらの業務については、地方共同法人化により強化された機構のガバナンスのもとで、機構法の範囲内において、地方の共同事業として実施することが適当と認められるものについて実施していくこととなります。

Q5 地方公共団体情報システム機構に対する国の関与とはどのようなものがあるのでしょうか。

A

地方共同法人として設立される地方公共団体情報システム機構（以下「機構」という。）に対する国の関与は、地方公共団体情報システム機構法において、

① 総務大臣による定款の変更の認可
② 総務大臣への役員の任命・解任の届出
③ 総務大臣への業務方法書の作成・変更の届出
④ 総務大臣への予算等作成・変更の届出
⑤ 総務大臣への財務諸表の提出
⑥ 総務大臣への業務開始時の会計に関する事項についての規程の届出
⑦ 総務大臣への業務並びに資産及び債務の状況の報告並びに総務大臣による立入検査
⑧ 総務大臣による役職員又は代表者会議委員の違法行為等についての必要な措置の要求
⑨ 総務大臣による設立時の定款、事業計画及び予算についての認可

が規定されています。

機構は、地方公共団体のガバナンスの下で運営される地方共同法人であることから、その運営に対する国の関与は必要最小限のものとされています。

第2章 個人番号制度及び改正住民基本台帳制度等のQ&A

Q6 地方公共団体情報システム機構のガバナンス及び財政運営面（費用負担）において国の関与はどのように変わるのでしょうか。

A

　改正前の制度においては、住民基本台帳ネットワークシステムに関する事業計画・予算や役員の任命・解任は総務大臣の認可事項としていますが、地方公共団体情報システム機構（以下「機構」という。）については、地方によるガバナンスが強化されていることから、届出事項としています。ただし、非常時等には最終的に国が適正な業務を確保するため、機構に対し、報告徴収・立入検査・違法行為の是正要求等を行うことができることとしています。

　また、財政運営面に関し、機構の運営経費については、現行と同様に、地方公共団体が負担することを基本としつつ、国の機関等から情報提供手数料を徴収できることとし、国の費用負担を明確化しています。

　手数料の設定については、従前の制度では、住民基本台帳法において、都道府県知事の承認を受けて都道府県知事が事務を委任する指定情報処理機関が定めることとなっていました。社会保障・税番号制度では、その運営上、国の機関等が機構から情報提供を受けることが必要不可欠となることも踏まえ、適正な手数料設定が行われる必要があり、これを制度的に担保する観点から総務大臣の認可事項としています。

資料編

資料編

資料1　平成22年度税制改正大綱（抄）

平成21年12月22日　閣議決定

第3章　各主要課題の改革の方向性

1．納税環境整備

(3)　社会保障・税共通の番号制度導入

　社会保障制度と税制を一体化し、真に手を差し伸べるべき人に対する社会保障を充実させるとともに、社会保障制度の効率化を進めるため、また所得税の公正性を担保するために、正しい所得把握体制の環境整備が必要不可欠です。そのために社会保障・税共通の番号制度の導入を進めます。

　番号は基礎年金番号や住民票コードなどの既存番号の活用、新たな付番など様々な選択肢が考えられます。付番・管理する主体については、(4)で詳述する歳入庁が適当であると考えます。

　以上、徴収とも関連しますが、主として給付のための番号として制度設計を進めます。その際は、個人情報保護の観点が重要なことは言うまでもありません。

(略)

(6)　納税環境整備に係るPTの設置

　以上、(1)納税者権利憲章（仮称）の制定、(2)国税不服審判所の改革、(3)社会保障・税共通の番号制度導入、(4)歳入庁の設置、等について、具体化を図るため、税制調査会の下にプロジェクト・チーム（PT）を設置します。特に、(1)(2)(3)については1年以内を目途に結論を出します。

　なお、社会保障・税共通の番号制度やこれを付番・管理する歳入庁の設置については、税制のみならず、社会保障制度も関連することから、税制調査会のPTと並行して、内閣官房国家戦略室を中心に、府省横断的に検討を行うこととします。

2．納税環境整備
(1) 所得税
③　改革の方向性

　所得再分配機能を回復し、所得税の正常化に向け、税率構造の改革のほか、以下のような改革を推進します。

　第一に、的確に所得捕捉できる体制を整え、課税の適正化を図るために、社会保障・税共通の番号制度の導入を進めます。ただし、一般の消費者を顧客としている小売業等に係る売上げ（事業所得）や、グローバル化が進展する中で海外資産や取引に関する情報の把握などには一定の限界があり、番号制度も万能薬ではないという認識も必要です。

（略）

④　所得控除から税額控除・給付付き税額控除・手当へ
（略）

　給付付き税額控除は多くの先進国で既に導入されています。我が国で導入する場合には、所得把握のための番号制度等を前提に、関連する社会保障制度の見直しと併せて検討を進めます。

資料編

> **資料2 「社会保障・税に関わる番号制度に関する検討会」を開始**

平成22年2月8日
内閣官房　国家戦略室

「社会保障・税に関わる番号制度に関する検討会」を開始

　国家戦略室において、平成22年度税制改正大綱（平成21年12月22日閣議決定）に基づき、「社会保障・税に関わる番号制度に関する検討会」を開始いたしました。
　本検討会では、社会保障と税制を一体化し、真に手を差し伸べるべき人に対する社会保障を充実させ、国民負担の公正性を担保し適正化を図るために必要な番号制度について検討を行います。具体的な体制および今後のスケジュールは以下のとおりです。

1. 社会保障・税に関わる番号制度に関する検討会メンバー
    - 菅　直人　　副総理　兼　財務大臣
    　　　　　　　兼　内閣府特命担当大臣（経済財政政策）
    - 平野博文　　内閣官房長官
    - 仙谷由人　　国家戦略担当大臣
    - 原口一博　　総務大臣
    - 長妻　昭　　厚生労働大臣
    - 古川元久　　国家戦略室長　兼　内閣府副大臣
    - 松井孝治　　内閣官房副長官
    - 渡辺　周　　総務副大臣
    - 峰崎直樹　　財務副大臣
    - 長浜博行　　厚生労働副大臣
    - 尾立源幸　　参議院議員（オブザーバー）

2. 今後のスケジュール
    ・第1回会合開催：2月8日（月）18時〜18時半
    ・以後、おおむね2週間に1回程度開催予定。

資料3　社会保障・税に関わる番号制度に関する検討会　中間取りまとめ

2010年6月29日

社会保障・税に関わる番号制度　～3つの視点からの「選択肢」～
〈国民の権利を守るための番号に向けて〉

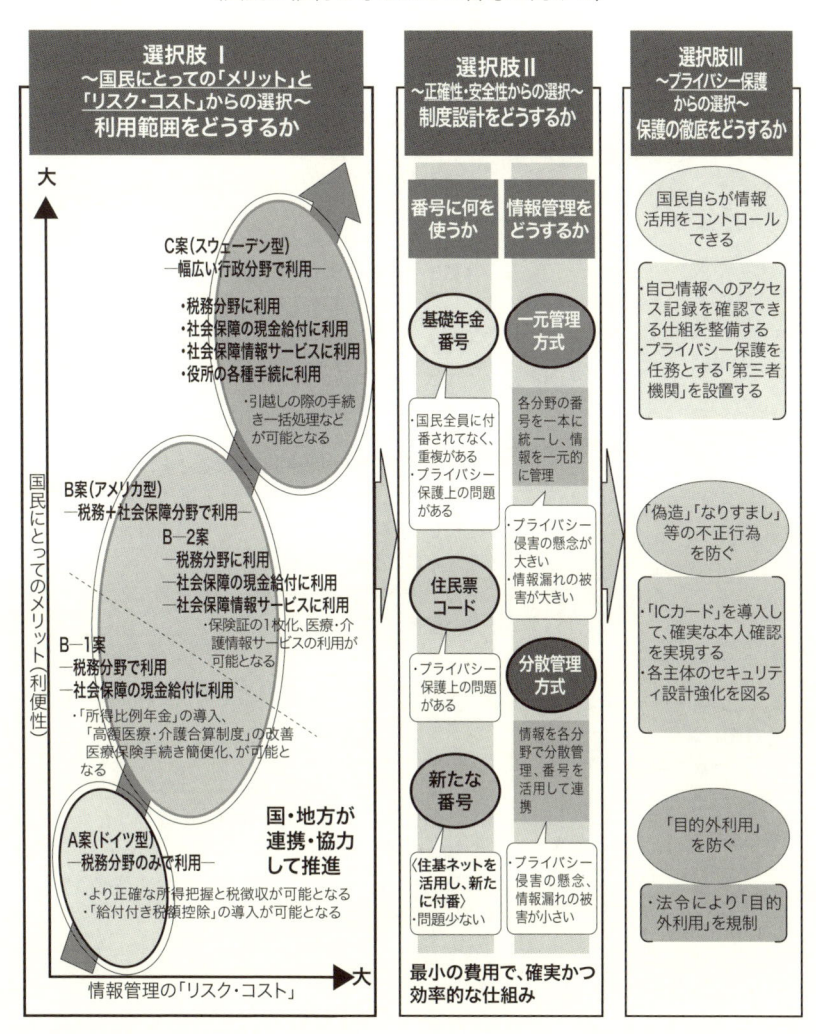

選択肢Ⅰ
～国民にとっての「メリット」と「リスク・コスト」からの選択～
利用範囲をどうするか

縦軸：国民にとってのメリット（利便性）大
横軸：情報管理の「リスク・コスト」大

C案（スウェーデン型）
―幅広い行政分野で利用―
- 税務分野に利用
- 社会保障の現金給付に利用
- 社会保障情報サービスに利用
- 役所の各種手続に利用
  ・引越しの際の手続き一括処理などが可能となる

B案（アメリカ型）
―税務＋社会保障分野で利用―

B－2案
- 税務分野に利用
- 社会保障の現金給付に利用
- 社会保障情報サービスに利用

B－1案
- 税務分野に利用
- 社会保障の現金給付に利用
  ・保険証の1枚化、医療・介護情報サービスの利用が可能となる
  ・「所得比例年金」の導入、「高額医療・介護合算制度」の改善、医療保険手続き簡便化、が可能となる

A案（ドイツ型）
―税務分野のみで利用―
- より正確な所得把握と税徴収が可能となる
- 「給付付き税額控除」の導入が可能となる

国・地方が連携・協力して推進

選択肢Ⅱ
～正確性・安全性からの選択～
制度設計をどうするか

番号に何を使うか

基礎年金番号
- 国民全員に付番されてなく、重複がある
- プライバシー保護上の問題がある

住民票コード
- プライバシー保護上の問題がある

新たな番号
〈住基ネットを活用し、新たに付番〉
- 問題少ない

情報管理をどうするか

一元管理方式
- 各分野の番号を一本に統一し、情報を一元的に管理
- プライバシー侵害の懸念が大きい
- 情報漏れの被害が大きい

分散管理方式
- 情報を各分野で分散管理、番号を活用して連携
- プライバシー侵害の懸念、情報漏れの被害が小さい

最小の費用で、確実かつ効率的な仕組み

選択肢Ⅲ
～プライバシー保護からの選択～
保護の徹底をどうするか

- 国民自らが情報活用をコントロールできる
  ・自己情報へのアクセス記録を確認できる仕組を整備する
  ・プライバシー保護を任務とする「第三者機関」を設置する

- 「偽造」「なりすまし」等の不正行為を防ぐ
  ・「ICカード」を導入して、確実な本人確認を実現する
  ・各主体のセキュリティ設計強化を図る

- 「目的外利用」を防ぐ
  ・法令により「目的外利用」を規制

選択肢Ⅰ　―利用範囲をどうするか―

利用範囲	具体的な内容
A案（ドイツ型） 税務分野のみで利用	○より正確な所得把握と税徴収が可能となる ○「給付付き税額控除」の導入が可能となる
B案（アメリカ型） 税務分野 ＋ 社会保障分野 で利用 ／ **B-1案** 社会保障の現金給付に利用	↓さらに ○「所得比例年金（所得に応じた年金給付）」の導入が可能となる ○「高額医療・高額介護合算制度（※）」の改善が可能となる 　※医療・介護の自己負担の合算額が上限額を超えた場合に還付される制度の申請手続きの簡素化・迅速化、対象の拡大などの制度改善が可能となる。 ○医療保険などの申請手続きの簡便化、給付に要する期間の短縮が可能となる ○社会保障の不正受給の防止が強化される
B案（アメリカ型） ／ **B-2案** 社会保障情報サービスに利用	↓さらに ○年金手帳・医療保険証・介護保険証等を一枚にすることが可能となる ○「医療・介護情報サービス（希望者に、自らの健診情報やサービス利用、費用支払情報を提供するサービス）」の利用が可能となる ○医療の向上（希望者について、過去の投薬内容等を複数の病院間で参照し、より適切な治療を受けることなど）が可能となる ○医療・医学研究のベースとなる正確な統計・データの整備が容易になる
C案（スウェーデン型） 幅広い行政分野で利用	↓さらに ○役所での各種手続きの簡素化・迅速化・正確性の向上が可能となる ・引越しなどの際の申請・届出の手続きを一か所で行う ・各種手続きにおいて、住民票の写しなどの証明書の取得を省略する ○行政からのお知らせが、パソコンや携帯電話などでどこでも確認できるようになる

（注）地方公共団体については、各地方公共団体の処理している事務の現状を踏まえて検討し、国・地方公共団体が連携・協力して推進。

資料3　社会保障・税に関わる番号制度に関する検討会　中間取りまとめ

選択肢Ⅱ ―制度設計をどうするか―

番号に何を使うか　最小の費用で、確実かつ効率的な仕組み

番号	課題等
基礎年金番号	○国民全員に付番されておらず、重複もある。 ○プライバシー保護の観点から、納税者番号として商取引相手などに見せるのは望ましくない。
住民票コード	○プライバシー保護の観点から、納税者番号として商取引相手などに見せるのは望ましくない。
新たな番号	○「住民票コード」と対応させた新たな番号を付番するならば、上記のような問題を避けられ、投資コストも抑えられる。

情報管理をどうするか

情報管理方式		課題等	諸外国の例
一元管理方式	各分野の番号を一本に統一し、情報を一元的・集中的に管理	○一元的・集中的に管理できるので、管理・連携は容易である。 ○プライバシー侵害の懸念があり、一旦情報漏れ等の事故が生じた場合に被害は甚大である。	アメリカ 韓国　等
分散管理方式	情報を各分野で分散管理し、中継データベースを通じて、共通番号を活用して連携	○中継データベースの運営管理等が必要である。 ○プライバシー侵害の懸念や、一旦情報漏れ等の事故が生じた場合の被害は少ない。	オーストリア

資料編

選択肢Ⅲ―プライバシー保護など国民の懸念へどう対応するか―

予想される懸念・リスク		考えられる対応策の例
「国家管理」への懸念	・国家による国民の監視・監督に使われるのではないか ・国家によって、国民の個人情報が支配されるのではないか ・行政庁職員などによる盗み見、不正閲覧、持ち出しによる流出、などに結びつくのではないか	○国民が、自己情報へのアクセス記録を、自ら確認できる仕組みを整備する。 ○国民のプライバシー保護を任務とする「第三者機関」を政府外に設置する。
「不正行為」のリスク	・「偽造」「なりすまし」などによって、不正にのぞき見されるのではないか ・情報が漏れたり改ざんされたりするのではないか	○「ICカード」を導入し、確実な本人確認ができる仕組みとする。 ※既存の安定した仕組みとして住基カード活用も可能 ○個人情報を保有する機関におけるセキュリティの設計強化を図る。 ○「分散管理方式」を導入すれば、各分野の個人情報はそれぞれが管理し、中継データベースを通じて安全な連携が可能となる。
「目的外利用」のリスク	・勝手に個人情報を目的外に利用することが生じるのではないか	○法令により「目的外利用」の厳密な禁止・罰則など規制を強化する。

資料3　社会保障・税に関わる番号制度に関する検討会　中間取りまとめ

有識者ヒアリングでの意見　〜選択肢の視点から〜

選択肢　Ⅰ　利用範囲について

"番号制度の導入は、適正課税と利便性のための基盤整備として必要である。"

"利用範囲が税務だけでは、適用可能なサービスは正確な所得把握だけで国民にメリットが感じにくいので受け入れにくいのではないか。"

"社会保障への不安・不信が高まっている今だからこそ、国民が安心できる信頼性の高い制度・仕組みをつくるため、改めて社会保障制度のもつ"所得再分配"機能を重視・強化すべき。"

"国民健康保険や生活保護等に番号制度を導入すれば、所得の把握などがより効率化され、自立支援等に注力できるようになるため、実務の多くを担う市町村から見ても、社会保障分野に番号を活用しようと検討している方向性は正しく、必要と考える。"

"各種申請・手続きで利用されれば、国民全体が利便性を感じるほか、行政の効率化、コスト削減効果など、メリットが大きい。さらに医療・介護へも適用すれば利便性は更に向上するが、個人情報保護の観点からの慎重な検討が必要で、その場合はICカードなどによる正確な認証や法による規制が必須。"

選択肢　Ⅱ　制度設計について

"転出入の際に共通番号があれば、極めて効率的に事務作業を行える。従って、新しい番号制度のシステムを立ち上げるより、住民に既に定着した住民基本台帳ネットワークを有効に活用して、無駄のないようにすべきではないか。"

"導入コストを抑えつつ、正確に国民を識別するために、住基ネットシステムを有効に活用すべきであり、また、プライバシー保護の観点から、情報分散管理方式を採用すべきである。"

"番号制度は、市町村が支える住基ネットと関連するだけでなく、自治体も各分野で利用するため、円滑な実施を図るには、制度設計や運用の具体化に際し、地方の意見をよく聞き、十分に反映しながら進めてほしい。"

選択肢　Ⅲ　プライバシー保護の方法について

"国民の個人情報を安全かつ適切に管理・活用するための仕組みを併せて導入することが必要であり、例としては、分野ごとの番号を連携する仕組みとし、見せる番号・見せない番号を使い分ける、ICカードの活用、本人が自己の情報へアクセスし、管理できる仕組みの組み込み、個人情報保護／情報公開を監督する第三者機関の設置などが考えられる。"

> "プライバシー問題に配慮し、中継データベース方式とすること、アクセスログがとれ本人も確認できるようにし抑止力を働かせること、罰則等の法的整備が必要である。また、国民一人ひとりにとって、安全・安心、プライバシーが維持されるためには、行政権力から独立した三条委員会が国民のために設置されることが、設計上不可欠である。"
>
> "ICカードにより、個人を確実に認証することが可能となり、高いセキュリティ強度の情報基盤が構築される。そのためにサービスの利用範囲が拡大され、利便性・効率性が上がる。"

※有識者は、田中直毅 国際公共政策研究センター理事長、安田純子（株）野村総合研究所上級研究員、田近栄治 一橋大学教授、岡村幸四郎 川口市長。なお、ヒアリング詳細については国家戦略室ホームページに掲載。

資料３　社会保障・税に関わる番号制度に関する検討会　中間取りまとめ

「番号」の導入に係る費用・期間

「番号」を導入するための費用・期間は、一般的に情報の活用範囲を広くするほど関係者が増え、強力な個人情報保護対策が必要になるなど、多く・長くかかることとなる。
　また、①個人情報保護の仕組みのあり方やクラウドの利用等で相応の増減があり得ること、②費用を誰がどのように分担するか、別途検討の必要があること等にも留意する必要がある。

【一定の前提を置いた粗い試算】(注1)

利用範囲	導入費用(注2)					個人情報保護関係
	付番関係	情報連携基盤関係	情報活用関係			
A案（税務分野）	付番、通知、番号管理プログラム開発等費用(200億〜300億程度)	情報連携のためのシステム開発等及びネットワーク費用(500〜700億円程度)	税務関係機関におけるシステム開発費用(地方公共団体の地方税部局含む。)(600〜1300億円程度)　税務当局に調書を提出する民間セクター(金融機関等)におけるシステム開発費用	社会保障関係機関(保険者及び地方公共団体福祉部局等)のシステム開発費用(700〜800億円程度)		・第三者機関の設置・自己情報管理機能・強固なセキュリティ・ICカード導入(2〜3千億円程度)　など
B案（税務＋社会保障分野）B-1（社会保障の現金給付）B-2（社会保障情報サービス）					医療機関や介護事業所等におけるシステム開発費用	
C案（幅広い行政分野）					・各機関におけるシステム開発費用	

| 期間 | 3〜4年程度(注3) | 追加で行う事次第で更に時間がかかる | 保護の仕組みの複雑さによっては追加期間が必要 |

(注1) 海外事例や個別分野における過去のシステム改修費用等を参考とし、それと同程度の開発・改修が必要となる等という仮定に基づいて試算したものもある。従って、番号の制度設計によって、実際のシステム改修の程度やその費用が異なることに留意。
(注2) 運用経費（ランニングコスト）が別途必要であることに留意。
(注3) A案でも制度導入（番号配布）までに3年程度、システム稼働までに4年程度。

資料編

> **資料4　社会保障・税に関わる番号制度に関する実務検討会の開催について**

> 平成22年11月9日
> 内閣官房長官決裁
> 平成23年1月12日
> 一部改正
> 平成23年1月21日
> 一部改正

1．政府及び与党における社会保障改革の検討事項のうち、政府として、社会保障・税に関わる番号制度の導入を検討するため、社会保障・税に関わる番号制度に関する実務検討会（以下「実務検討会」という。）を開催する。

2．実務検討会の構成員は、次のとおりとする。ただし、座長は、必要があると認めるときは、関係者に出席を求めることができる。

　　座　　　長　　社会保障・税一体改革担当大臣
　　座長代理　　　内閣官房長官の指名する内閣官房副長官
　　委　　　員　　内閣官房長官の指名する内閣府副大臣
　　　　　　　　　総務大臣の指名する総務副大臣
　　　　　　　　　法務副大臣
　　　　　　　　　財務大臣の指名する財務副大臣
　　　　　　　　　厚生労働大臣の指名する厚生労働副大臣
　　　　　　　　　経済産業大臣の指名する経済産業副大臣
　　　　　　　　　内閣官房長官の指名する内閣府大臣政務官
　　事務局長　　　内閣官房長官の指名する内閣官房参与

3．実務検討会の庶務は、内閣府の助け並びに総務省、法務省、財務省、厚生労働省及び経済産業省の協力を得て、内閣官房において処理する。

4．その他、実務検討会の運営に関する事項その他必要な事項は、座長が定める。

資料5 「社会保障・税に関わる番号制度に関する検討会　中間取りまとめ」に対する意見募集（パブリックコメント）の結果について

資料5 「社会保障・税に関わる番号制度に関する検討会　中間取りまとめ」に対する意見募集（パブリックコメント）の結果について

平成22年11月11日
内　閣　官　房

「社会保障・税に関わる番号制度に関する検討会　中間取りまとめ」
　に対する意見募集（パブリックコメント）の結果について

1．概　要

　国家戦略室では、本年6月29日に「社会保障・税に関わる番号制度に関する検討会　中間取りまとめ」を公表し、番号制度に係る選択肢について、以下の要領で、国民の皆様から意見募集を行いました。
　○募集期間：平成22年7月16日～8月16日までの約1ヶ月間
　○募集方法：メール、郵送、FAXにて意見を募集
　○募集内容：「社会保障・税に関わる番号制度に関する検討会　中間とりまとめ」に示されている選択肢について

2．お寄せ頂いた御意見

　本件に関してお寄せ頂いた御意見は以下のとおりです。今回、御意見をお寄せいただきました皆様に厚く御礼申し上げます。
　提出された御意見の内容につきましては、内閣官房国家戦略室ホームページ（http://www.npu.go.jp）及び電子政府の総合窓口［e-Gov］（http://www.e-gov.go.jp/）の「パブリックコメント」欄に掲載いたします。
　なお、今回の意見募集に対しては、番号制度導入に反対する御意見等もいただいたところであり、それらの御意見もあわせて掲載しています。
　(1) 意見数
　　　総数148件（うち、団体：52件　個人：96件）
　(2) お寄せ頂いた御意見
　　　提出者及び提出意見は別紙のとおりです。概要については、別添をご覧ください。
　・別紙1　団体からお寄せいただいた御意見
　・別紙2　個人からお寄せいただいた御意見

資料編

別添

「社会保障・税に関わる番号制度に関する検討会　中間取りまとめ」
意見募集結果について（概要）

　本意見募集に対していただいた御意見の総数は148件でした（内訳：団体52件、個人96件）。

　御意見の概要については、以下に掲載するとおりです（御意見の詳細については、別紙1、2をご覧ください）。

◎各選択肢に関する意見

『選択肢Ⅰ「利用範囲をどうするか」』について

①A案　ドイツ型（税務分野のみ利用）　　17件（団体4件、個人13件）

選択理由例
・まずは最小範囲から導入すべき。 　→消極的見地（個人情報保護・国家による管理防止の観点からそもそも反対だがあえて選ぶなら。） 　→積極的見地（着実に導入させるには反対が一番少ないところから始めて、問題の検証をしてから利用範囲を広げていくべき） 　　　　　　　　　　　　　　　　　　　　　　　　　　　　　　　等

②B-1案　アメリカ型（税務分野＋社会保障（現金給付）で利用）
　　　　　　　　　　　　　　　　　　　15件（団体3件、個人12件）

選択理由例
・税と社会保障の一元化により、社会保障の充実を図ることは当面対応の必要性が高く、それを図るのに必要な最小範囲である。 ・（B-2案のように）医療情報まで含めるのはプライバシー上問題がある。 ・小さく始めて問題等を検証してから利用範囲を拡げていくべき。 　　　　　　　　　　　　　　　　　　　　　　　　　　　　　　　等

160

資料5 「社会保障・税に関わる番号制度に関する検討会　中間取りまとめ」
に対する意見募集（パブリックコメント）の結果について

③B-2案　アメリカ型（税務分野＋社会保障（現金給付＋現物給付）で
利用）

18件（団体5件、個人13件）

主な選択理由例
・国民全体にとっての利便性・メリットに鑑みれば、社会保障の分野で現物給付も含めて幅広く利用できるようにすべき。 ・最終的にはC案まで拡げることも踏まえながらも、社会保障分野での実績に鑑みて拡大を検討すべき。 ・診療や投薬の重複を回避できるなど医療の効率化に役立つ。 ・生涯を通じた自らの医療や年金などの情報が確認できることが望ましい。　　　　　　　　　　　　　　　　　　　　　　　　　　　等

④C案　スウェーデン型（幅広い行政範囲で利用）

70件（団体25件、個人45件）

選択理由例
・行政業務の効率化・コストダウン等に資するもので、費用対効果の点に最も優れる。 ・民間サービスとの連携等の可能性まで検討すべき。 ・国民が享受する行政サービスの利便性や、安心・安全の向上を図るべき。 ・番号やカードが1つになると便利になる。 ・後から拡大するのはシステム全面再構築のリスクを抱えるから、当初より幅広に導入すべき。 ・税・社会保障分野と他分野を切り離しては、むしろ縦割りの弊害が生じる。 ・別途検討されている国民ID制度とも整合性を取りつつ、幅広い分野で利用可能な制度の検討を行うべき。　　　　　　　　　　　　　等 ※段階的導入、まずはB案から導入してフィージビリティ（実現可能性）を確認すべきといった旨の意見も相当数あった。

○その他（選択できない、無回答など）　28件（団体15件、個人13件）

資料編

『選択肢Ⅱ(1)「番号に何を使うか」』について

・①基礎年金番号　　　　　　　　　17件（団体2件、個人15件）

選択理由例
・普及している既存の番号を使用するのが効率的であり、即応性も高い。年金と共通の番号にすべき。
・住民票コードの利用には反発が予想される。　　等

②住民票コード　　　　　　　　　　33件（団体6件、個人27件）

選択理由例
・既に一人一付番がされているのは住民票コードのみであり、正確性を担保できる上、このような既存のものを活用することがコストを低く抑えられる。
・年金記録問題が未解決な中、基礎年金番号は利用すべきでない。　　等

③新しい番号　　　　　　　　　　　69件（団体27件、個人42件）

選択理由例
・消去法（①は全員付番でない、②は利用制限・プライバシー上の問題がある）。
・新たな制度の導入にあたっては、新制度・システムに適合した新たな番号を利用するのが効率的である。　　等
※この項目のうち、約3割は住民票コードの活用が望ましいと明示。

○その他（選択できない、無回答など）　29件（団体17件、個人12件）

『選択肢Ⅱ(2)「情報管理をどうするか」』について

・①一元管理方式　　　　　　　　　36件（団体3件、個人33件）

選択理由例
・情報管理・セキュリティ対策をするにあたって効率的・低コスト。
・情報を一元的に管理した方が、管理責任の所在が明確である。　　等

資料5　「社会保障・税に関わる番号制度に関する検討会　中間取りまとめ」
に対する意見募集（パブリックコメント）の結果について

②分散管理方式　　　　　　　　　84件（団体34件、個人50件）

選択理由例
・情報漏洩が起きた場合、被害が少なくてすむ。 ・一元管理方式では、行政による情報の濫用、目的外利用等が容易に行われるおそれがある。 ・事後的に適用分野を拡大していくときにより効率的。 ・既存のシステムはそのまま活用が可能であるため、コスト負担も一元管理方式より抑えることができる。　等

○その他（選択できない、無回答など）　28件（団体15件、個人13件）

『選択肢Ⅲ「プライバシーの保護をどうするか」』について

① 国民自らが情報活用をコントロールできる

99件（団体42件、個人57件）

② 「偽造」「なりすまし」等の不正行為を防ぐ

114件（団体42件、個人72件）

③ 「目的外利用」を防ぐ

112件（団体40件、個人72件）

○その他（選択できない、無回答など）

19件（団体8件、個人11件）

全体としてどれも必要という意見が大勢。 　逆に、積極的に採用すべきでないという御意見は少数であり、例えば①は②、③と比較して選択の数が少ないが、選択しない理由としては、 ・国民自らがコントロールできる仕組みを用意した場合、情報活用のコントロールを悪用した第三者がいた場合リスクとなる。 ・一般家庭のセキュリティが困難である。 ・自己の情報コントロールよりも情報管理の責任転嫁に繋がる可能性があり、また個人より情報が漏れる可能性も高く、早期実施は控えるべき。 等があった。

資料編

◎選択肢以外に関する御意見

○番号制度の導入に反対と明示　　　　　12件（団体4件、個人8件）

選択理由例
・プライバシー侵害、国家による管理に繋がるおそれがあり、ひいては人間の尊厳や自由の侵害につながる。 ・税の公平性担保や所得把握にどの程度役に立つのか疑問。 ・すべてが税務分野を第一としており、社会保障のためとは名ばかりではないか。 ・予算がかかりすぎる。 ・示されているメリットが国民に魅力的でない。　　等 ※「選択肢Ⅰ」において消極的見地から①を選択したものを含む。

○意見募集の方法に異論　　　　　　　28件（団体14件、個人14件）

選択理由例
・番号制度に対して国民の間に強い不安・疑問があるのだから、まずは導入の是非から意見を募集すべき。 ・政府が予め設定した限定的な選択肢の範囲で意見を求めることは、国民の意見を十分に反映することを難しくする。 ・番号制度を導入することによってどのような社会を目指すのかといったビジョンについて分かりやすい説明を示すべき。 ・番号制度の導入にあたっては、その目的や必要性、メリットやリスク等の観点から判断されるべきであるが、それらについての説明が不十分であり選択できない。 　　　　　　　　　　　　　　　　　　　　　　　　　　等 ※この項目のうち、約4割は「選択肢Ⅰ」において①～④のいずれかを選択又は番号制度導入自体は実現すべきと明示。

※1　「選択理由例」欄には、皆様からいただいた各御意見の趣旨を踏まえ、適宜要約等したものを記載しています。

資料5 「社会保障・税に関わる番号制度に関する検討会　中間取りまとめ」に対する意見募集（パブリックコメント）の結果について

※2　いただいた御意見のうち、一部選択肢が不明瞭なもの等については、記載された「選択理由」の趣旨を踏まえ、各項目の件数に計上しています。

※3　「番号制度の導入に反対と明示」と「意見募集の方法に異論」の件数については、一部重複して計上されているものがあります。

資料編

資料6　社会保障・税に関わる番号制度に関する実務検討会中間整理（概要）

導入の趣旨

背景　　　　　　　　　　　　　　　　　　　　　現在
- ▶少子高齢化（高齢者の増加と労働力人口の減少）
- ▶格差拡大への不安
- ▶情報通信技術の進歩
- ▶制度・運営の効率性、透明性の向上への要請
- ▶負担や給付の公平性確保への要請

課題

所得の把握や制度をまたがった事務を行う場合などにおいて、複数の機関に存在する個人の情報を同一人の情報であるということの確認を行うための基盤がないため、
- ▶税務署に提出される法定調書のうち、名寄せが困難なものについては活用に限界
- ▶より正確な所得・資産の把握に基づく柔軟できめ細やかな社会保障制度・税額控除制度の導入が難しい
- ▶長期間にわたって個人を特定する必要がある制度の適正な運営が難しい（年金記録の管理等）
- ▶医療保険などにおいて関係機関同士の連携が非効率
- ▶養子縁組による氏名変更を濫用された場合に個人の特定が難しい

等

番号導入

理念　　　　　　　　　　　　　　　　　　　　　将来
- ●より公平・公正な社会の実現
- ●社会保障がきめ細やか且つ的確に行われる社会の実現
- ●行政に過誤や無駄のない社会の実現
- ●国民にとって利便性の高い社会の実現
- ●国民の権利を守り、自己情報をコントロールできる社会の実現

効果
- ▶番号を用いて所得等の情報の把握とその社会保障や税への活用を効率的に実施
- ▶真に手を差し伸べるべき人に対しての社会保障の充実
- ▶負担・分担の公正性、各種行政事務の効率化が実現
- ▶IT化を通じ効率的かつ安全に情報連携を行える仕組みを国・地方で連携協力しながら整備し、国民生活を支える社会的基盤を構築
- ▶ITを活用した国民の利便性の更なる向上も期待

資料6　社会保障・税に関わる番号制度に関する実務検討会中間整理（概要）

主な論点

1. 利用範囲
   A案…税務分野のみ
   B-1案…税務分野＋社会保障分野（現金給付のみ）
   B-2案…税務分野＋社会保障分野（現金給付＋現物サービス）
   C案…幅広い行政分野で利用

2. 「番号」に何を使うか
   ①基礎年金番号
   ②住民票コード
   ③住基ネットを活用した新たな番号

3. 管理方式
   データベース：①一元管理方式、②分散管理方式
   番　　　号：①一元管理方式、②分散管理方式

4. 付番機関
   ①歳入庁、②内閣府、③総務省、④国税庁、⑤厚生労働省　等

5. 個人情報保護の徹底
   ①自己情報へのアクセス記録の確認、
   ②第三者機関の設置、
   ③「偽造」「なりすまし」防止、
   ④目的外利用の防止、
   ⑤プライバシーに対する影響評価の実施　等

6. 地方公共団体等との連携
   地方公共団体、日本年金機構、医療保険者等の機関の実情を踏まえた連携

7. 制度導入に係る費用、期間
   費　用：制度設計の仕方によって異なる
   準備期間：少なくとも3〜4年の準備期間が必要

目指す方向性

「幅広い行政分野」（C案）での利用を視野に入れつつ、まずは「税＋社会保障分野」（B案）から開始

住基ネットを活用した新たな番号

"データベース"については、分散管理方式とすることを前提に検討
"番号"については、プライバシー保護、コスト等に鑑み、一元管理又は分散管理とすべき具体的分野について今後検討

「歳入庁の創設」の検討を進めるとともに、「まずはどの既存省庁の下に設置すべきか」について検討

最低限、「自己情報へのアクセス記録の確認」、「第三者機関の設置」、「目的外利用防止に係る具体的法原則明示」、「関係法令の罰則強化」を実施する方向で検討

スケジュール

23年夏頃　「社会保障・税番号大綱（仮称）」
　秋以降　　法案提出

資料7　社会保障改革の推進について

社会保障改革の推進について

> 平成22年12月14日
> 閣　議　決　定

　社会保障改革については、以下に掲げる基本方針に沿って行うものとする。

1. 社会保障改革に係る基本方針

○　少子高齢化が進む中、国民の安心を実現するためには、「社会保障の機能強化」とそれを支える「財政の健全化」を同時に達成することが不可欠であり、それが国民生活の安定や雇用・消費の拡大を通じて、経済成長につながっていく。

○　このための改革の基本的方向については、民主党「税と社会保障の抜本改革調査会中間整理」や、「社会保障改革に関する有識者検討会報告～安心と活力への社会保障ビジョン～」において示されている。

○　政府・与党においては、それらの内容を尊重し、社会保障の安定・強化のための具体的な制度改革案とその必要財源を明らかにするとともに、必要財源の安定的確保と財政健全化を同時に達成するための税制改革について一体的に検討を進め、その実現に向けた工程表とあわせ、23年半ばまでに成案を得、国民的な合意を得た上でその実現を図る。

　　また、優先的に取り組むべき子ども子育て対策・若者支援対策として、子ども手当法案、子ども・子育て新システム法案（仮称）及び求職者支援法案（仮称）の早期提出に向け、検討を急ぐ。

○　上記改革の実現のためには、立場を超えた幅広い議論の上に立った国民の理解と協力が必要であり、そのための場として、超党派による常設の会議を設置することも含め、素直に、かつ胸襟を開いて野党各党に社会保障改革のための協議を提案し、参加を呼び掛ける。

2. 社会保障・税に関わる番号制度について

○ 社会保障・税に関わる番号制度については、幅広く国民運動を展開し、国民にとって利便性の高い社会が実現できるように、国民の理解を得ながら推進することが重要である。

○ このための基本的方向については、社会保障・税に関わる番号制度に関する実務検討会「中間整理」において示されており、今後、来年1月を目途に基本方針をとりまとめ、さらに国民的な議論を経て、来秋以降、可能な限り早期に関連法案を国会に提出できるよう取り組むものとする。

資料8　平成23年度税制改正大綱（抄）

　　　　　　　　　　　　　　　平成22年12月16日　閣議決定

第2章　各主要課題の平成23年度での取組み

1．納税環境整備

　(7)　社会保障・税に関わる番号制度

　　社会保障・税に関わる番号制度（以下「番号制度」といいます。）は、主として給付のための制度であり、①真に手を差し伸べるべき人に対する社会保障の充実とその効率化を図りつつ、②国民の負担の公正性を担保し、制度に対する国民の信頼を確保するとともに、③国民の利便性の更なる向上を図るために不可欠なインフラとして可能な限り早期に導入することが望ましいものと考えます。

　　　　　　　　　　　　（略）

　　税務面において番号制度を活用するには、①各種の取引に際して、納税者が取引の相手方に番号を「告知」すること、②取引の相手方が税務当局に提出する法定調書及び納税者が税務当局に提出する納税申告書に番号を「記載」すること、が必要となります。これにより税務当局は、法定調書と納税申告書の情報を、番号をキーとして名寄せ・突合することが可能となります。

　　その前提として、番号は、少なくとも、①国民一人一人に一つの番号が付与されていること、②納税者が取引の相手方に告知できるよう、民―民―官の関係で利用でき、また、目で見て確認できること、③常に最新の住所情報と関連付けられていること、という条件を満たす必要があります。

　　税務面において、番号制度がこのような役割を果たしていけるよう、実務検討会での議論と並行して、①法定調書の拡充、②税務当局への提出資料の電子データでの提出の義務付け、③税務行政における電子化の推進と情報連携の効率化、等の課題について積極的に検討を進めます。また、制度全体についての議論の進捗状況を踏まえ、①法定調

書への正確な番号記載の確保策、②税務情報についてのプライバシー保護の徹底策、といった課題についても検討を進めます。
　なお、検討に当たっては、番号を利用しても事業所得や海外資産・取引情報の把握には限界があることについて、国民の理解を得ていく必要があります。

資料編

資料9　社会保障・税に関わる番号制度についての基本方針（概要）①
―主権者たる国民の視点に立った番号制度の構築―

理念	番号制度	○複数の機関に存在する個人の情報が**同一人の情報であることの確認を行うための基盤** ○国や地方公共団体等が国民一人ひとりの情報をより的確に把握し、国民が国や地方公共団体等のサービスを利用するための必要不可欠な手段

番号制度に必要な3つの仕組み

付番
新たに国民一人ひとりに唯一無二の民―民―官で利用可能な見える「番号」を最新の住所情報と関連づけて付番する仕組み

番号制度

情報連携
複数の機関において、それぞれの機関ごとに「番号」やそれ以外の番号を付して管理している同一人の情報を紐付し、紐付けられた情報を活用する仕組み

本人確認
個人や法人が「番号」を利用する際、利用者が「番号」の持ち主であることを証明するための本人確認（公的認証）の仕組み

付番
- ○「番号」に何を使うか
  - 個人：住民基本台帳ネットワークを活用した新たな番号
    - ※「番号」の名称は国民の公募により決定
  - 法人：商業・法人登記の申請に係る会社法人等番号を活用した番号
- ○「番号」は誰に付番され、どの機関が付番を担うか
  - 付番機関については「歳入庁の創設」の検討を進める
  - 個人：住民票コードの付番履歴を有する**日本国民及び中長期在留者、特別永住者等の外国人住民**
    - ※当分の間、付番及び情報連携基盤を担う機関の所管は総務省
  - 法人：商業・法人登記の申請に係る**会社法人等番号を有する法人**、法人税の納税義務を有する人格なき社団等
    - ※当分の間、付番を担う機関の所管は**国税庁**
- ○「番号」を利用できる分野
  - 年金、医療、福祉、介護、労働保険の各社会保障分野、国税及び地方税の各税務分野
  - ※各分野で利用されている既存の番号が当分の間並存

情報連携
- ○情報管理
  - 各府省等のデータベースによる**分散管理方式**
- ○情報連携の範囲
  - ・「番号」と紐付けされた情報の最新化を図る仕組みについて検討
  - ・利活用のための情報連携
    - 年金、医療、福祉、介護、労働保険の各社会保障分野、国税及び地方税の各税務分野
    - ※将来的に幅広い分野での活用等も配慮したシステム設計を行う
  - ・情報連携基盤
    - 情報連携基盤技術ワーキンググループにおける議論を踏まえつつ検討・整理

本人確認
既存の公的個人認証及び住民基本台帳カードを改良、活用することにより本人確認を行う
※民―官、民―民で求められる適切な認証の在り方については今後検討

※情報連携基盤の不具合等発生時の対応を想定した制度設計等に留意が必要

資料9 社会保障・税に関わる番号制度についての基本方針（概要）
　　　　　―主権者たる国民の視点に立った番号制度の構築―

①より公平・公正な社会の実現
②社会保障がきめ細やか且つ的確に行われる社会の実現
③行政に過誤や無駄のない社会の実現
④国民にとって利便性の高い社会の実現
⑤国民の権利を守り、国民が自己情報をコントロールできる社会の実現

国民が自己情報を確認し、行政機関等からのサービスを受けられるようにする

○インターネット上にマイ・ポータル（仮称）を設置

・自己情報へのアクセス記録の確認
・行政機関等からの情報提供によるサービス享受

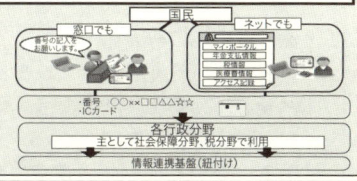

個人情報保護の方策

○具体的方策について、今年5月を目途に一定の結論を得るよう検討を進める
①**自己情報へのアクセス記録の確認**を法的に担保する規定の在り方、②**第三者機関**の在り方、③**「番号」の目的外利用・提供の制限**を明示、④関係法令の**罰則の強化**、⑤**プライバシーに対する影響評価の実施とその結果の公表**を行う仕組み
○特定の分野（例えば金融、医療等）については、法律上措置すべき個人情報保護方策の有無等につき、個人情報保護WGにおける検討を踏まえ、当該制度を所管する主務官庁において今年5月を目途に一定の結論を得るよう検討

今後の進め方

○番号制度創設推進本部の設置(**国民の理解を得ながら導入を推進**)
・全国47都道府県でシンポジウムを開催（平成23年度(2011年度)～24年度(2012年度)）
○地方公共団体等との連携
・地方公共団体等の実情を踏まえながら、番号制度の実現に向けて議論・検討
○法制の整備
・内閣官房で「番号法(仮称)」を整備、関係府省で関係法律の改正等を実施
○ワーキング・グループの設置
・「個人情報保護WG」及び「情報連携基盤技術WG」の設置
○番号制度の導入に係る費用と便益
・より精緻な費用の試算、番号制度導入の便益をわかりやすく国民に明示

今後のスケジュール

平成23年(2011年)1月　　　基本方針
　　　　　　　　3月～4月　「社会保障・税番号要綱」(仮称)の公表
　　　　　　　　6月　　　　「社会保障・税番号大綱」(仮称)の公表
　　　　　　　　秋以降　　　可能な限り早期に「番号法(仮称)」案、関係法律の改正法案を提出
※番号制度の導入時期は制度設計や法案の成立時期により今後変わり得るが以下を目途とする
平成26年(2014年)1月　　　第三者機関設置
　　　　　　　　6月　　　　全国民に「番号」配布(ICカードの国民への配布を検討)
平成27年(2015年)　　　　 1月税務分野等のうち可能な範囲で利用開始
　　　　　　　以降　　　　 段階的に利用範囲を拡大

資料9　社会保障・税に関わる番号制度についての基本方針（概要）②
　―主権者たる国民の視点に立った番号制度の構築―

「番号」で何ができるのか　　地方公共団体から提案されている意見も尊重し

○社会保障分野でできること
- 高額医療・高額介護合算制度の改善
  自己負担の上限に達した場合、立て替え払いをすることなく、以後の医療・介護サービスを受給可能
- 保険証機能の一元化
  券面に番号を記載した1枚のICカードの提示により、年金手帳、医療保険証、介護保険証を提示したものとみなす
- 自己診療情報の活用
  医療、介護サービスの現場において、本人が自分の診療情報等を容易に入手・活用できるようになり、地域医療連携、医療・介護連携の基盤整備が進展
- 給付可能サービスの行政からの通知
  障害のある方に対して、本人の同意に基づき利用可能な様々な施策の情報が提供される

　　　　　　　　　　　　　　　　　　　　　　　　　　　　等

○年金分野でできること
- 年金制度の的確な運用
  基礎年金番号の二重付番や年金手帳の二重交付の防止
- 確定申告手続の簡略化
  確定申告の際に必要な公的年金等の源泉徴収票の添付が不要となる
- 所得比例年金制度の創設
  税務の所得情報を活用した所得比例年金制度を創設するための基盤ができる

　　　　　　　　　　　　　　　　　　　　　　　　　　　　等

○医療分野でできること
- 確定申告手続の簡略化
  確定申告の医療費控除に必要な領収書等の書面による添付ないし保存が不要になる

　　　　　　　　　　　　　　　　　　　　　　　　　　　　等

資料9　社会保障・税に関わる番号制度についての基本方針（概要）
　　　　─主権者たる国民の視点に立った番号制度の構築─

つつ、引き続き利用場面の拡大を目指して検討を進める

○税務分野でできること
・所得の過少申告等の防止
　効率的な名寄せ・突合により、所得の過少申告や扶養控除のチェックが効率化し、社会保障の不正受給や税の不正還付等を防止することができる
・確定申告の際の自己情報の確認
　e-Taxで確定申告を行う際、社会保険料控除の対象となる保険料や、医療費控除額の算出に必要な情報等をマイ・ポータル（仮称）で確認することができる
・事業者負担の軽減
　国と地方にそれぞれ記載事項が共通するものを提出する義務のある一定額以上の給与、年金の支払調書について、電子的な提出先を一か所とする
　　　　　　　　　　　　　　　　　　　　　　　　　　　　　　　等

○申請・申告等の負担が軽減できるもの（他の行政機関に出向く必要がなくなるもの）
・行政機関へ申請・申告等する場合に必要な行政機関が発行する添付書類の省略
　── 給付等の申請
　　（児童扶養手当、母子家庭自立支援給付金、特別児童扶養手当、障害者福祉手当、特別障害者手当、労災保険の年金給付）
　── 自己負担割合・自己上限負担額の決定
　　（高額療養費、入院時食事療養費、入院時生活療養費の自己負担限度額、高齢者に係る医療保険の自己負担割合、養護老人ホームに係る入所者負担・扶養者負担、障害者自立支援法に基づく障害者福祉サービス・補装具等の自己負担、保育所・児童入所施設等の徴収金）
　── 国税・地方税の申告等
　　（住宅ローン控除、住宅取得資金の贈与を受けた場合の贈与税の特例、居住用資産を買換えた場合の課税の特例、相続時精算課税の選択に係る届出、事業用資産を買換えた場合の課税の特例）
　　　　　　　　　　　　　　　　　　　　　　　　　　　　　　　等

資料編

資料10　ワーキンググループの設置について

○共通番号制度及び国民ID制度の共通事項に関する事務的な検討を重複なく迅速に進めるため、政府・与党社会保障改革検討本部及びIT戦略本部の下に、「個人情報保護」及び「情報連携基盤技術」に関する専門家によるWGを設置。両WGの下に、社会保障分野の情報の特性を踏まえた検討を行うため、「社会保障分野検討会(仮)」(サブWG)を設置。

○WGについては、社会保障改革担当室及びIT担当室が共同事務局を務める。サブWGについては、社会保障改革担当室及びIT担当室の協力を得て厚生労働省が事務局を務める。

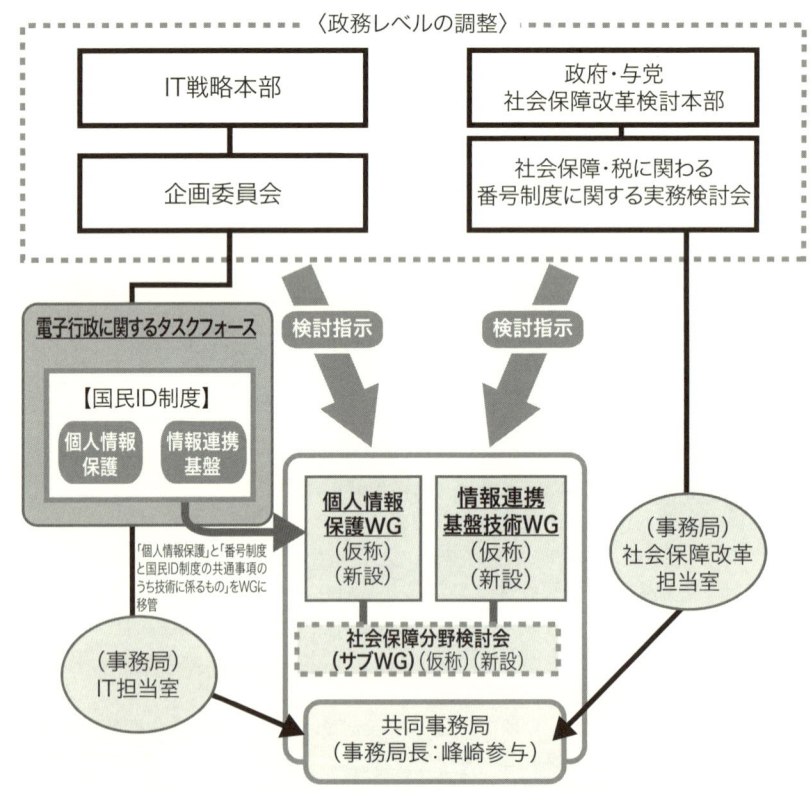

〈政務レベルの調整〉

```
IT戦略本部                    政府・与党
    │                      社会保障改革検討本部
企画委員会                         │
    │                   社会保障・税に関わる
    │                   番号制度に関する実務検討会
    ↓                          ↓
電子行政に関するタスクフォース   検討指示    検討指示
 【国民ID制度】
 個人情報保護  情報連携基盤
```

「個人情報保護」と「番号制度と国民ID制度の共通事項のうち技術に係るもの」をWGに移管

- 個人情報保護WG（仮称）（新設）
- 情報連携基盤技術WG（仮称）（新設）
- 社会保障分野検討会（サブWG）（仮称）（新設）

（事務局）IT担当室

（事務局）社会保障改革担当室

共同事務局（事務局長：峰崎参与）

その他の共通事項については、社会保障改革担当室及びIT担当室が密接に連携し共同で検討作業を実施。

> 資料10-2　個人情報保護ワーキンググループ及び情報連携基盤技術ワーキンググループの開催について

資料10-2　個人情報保護ワーキンググループ及び情報連携基盤技術ワーキンググループの開催について

個人情報保護ワーキンググループ及び
情報連携基盤技術ワーキンググループの開催について

1　趣旨

　情報通信による国民の利便性の向上、公平な負担、社会的弱者への確実な給付等を実現するためには、国民が窓口等で利用する番号の整備（社会保障・税に関わる番号制度）と、各機関間の情報連携の仕組みの構築（国民ID制度）を一体的に進めることが不可欠である。

　特に、第三者機関創設等個人情報保護の仕組み、情報連携基盤（制度設計、情報システム等）、本人認証の仕組み、付番・管理等については、社会保障・税に関わる番号制度と国民ID制度で共通する事項であり、かつ、社会保障・税に関わる番号制度に合わせて導入する必要がある。

　そのため、社会保障・税に関わる番号制度と国民ID制度に関する共同の検討の場として、個人情報保護ワーキンググループ（以下「個人情報保護WG」という。）及び情報連携基盤技術ワーキンググループ（以下「技術WG」という。）を開催する。

2　検討内容

　個人情報保護WG及び技術WGは、次の事項について検討し、その結果及び活動状況について社会保障・税に関わる番号制度に関する実務検討会及び高度情報通信ネットワーク社会推進戦略本部企画委員会に報告する。

(1) 個人情報保護WG

　社会保障・税に関わる番号制度と国民ID制度における個人情報保護の仕組みに関する事項（技術に係る事項を除く）

　（注）消費者庁、総務省等関係府省の協力を得て検討を実施。

(2) 技術WG

　社会保障・税に関わる番号制度と国民ID制度で共通する事項のうち

技術に係る事項

3　構成及び運営

(1)　各WGは、峰崎内閣官房参与の主宰するWGとして開催する。
(2)　各WGの構成員は別紙1及び別紙2のとおりとする。
(3)　各WGに座長及び座長代理を置く。
(4)　各WGの座長及び座長代理は峰崎内閣官房参与の指名により定める。
(5)　各WGは、必要があると認めるときは、構成員以外の関係者の出席を求め、意見を聴取することができる。
(6)　座長は、必要に応じ、サブワーキンググループを開催することができる。
(7)　その他、各WGの運営に関する事項その他必要な事項は、座長が定める。

4　庶　務

個人情報保護WG及び技術WGの庶務は内閣官房（社会保障改革担当室及び情報通信技術（IT）担当室）において処理する。

資料10-2 個人情報保護ワーキンググループ及び情報連携基盤技術ワーキンググループの開催について

別紙1

個人情報保護WG構成員名簿
（敬称略、五十音順）

石井 夏生利（いしい かおり）	筑波大学大学院図書館情報メディア研究科准教授
宇賀 克也（うが かつや）	東京大学大学院法学政治学研究科教授
大谷 和子（おおたに かずこ）	（株）日本総合研究所法務部長
小向 太郎（こむかい たろう）	（株）情報通信総合研究所主席研究員
新保 史生（しんぽ ふみお）	慶応義塾大学総合政策学部准教授
長谷部 恭男（はせべ やすお）	東京大学大学院法学政治学研究科教授
樋口 範雄（ひぐち のりお）	東京大学大学院法学政治学研究科教授
藤原 静雄（ふじわら しずお）	筑波大学法科大学院教授
堀部 政男（ほりべ まさお）	一橋大学名誉教授
三宅 弘（みやけ ひろし）	弁護士
森田 朗（もりた あきら）	東京大学大学院法学政治学研究科教授

資料編

別紙2

情報連携基盤技術WG構成員名簿
(敬称略)

新井　悠 (あらい　ゆう)	(株)ラック　サイバーリスク総合研究所　研究センター長
飯島　淳一 (いいじま　じゅんいち)	東京工業大学大学院　社会理工学研究科　教授
大山　永昭 (おおやま　ながあき)	東京工業大学　像情報工学研究所　教授
小松　文子 (こまつ　あやこ)	(独)情報処理推進機構　情報セキュリティ分析ラボラトリー　室長
坂本　泰久 (さかもと　やすひさ)	日本電信電話(株)　情報流通プラットフォーム研究所　主幹研究員
佐々木良一 (ささき　りょういち)	東京電機大学　未来科学部情報メディア学科　教授
神成　淳司 (しんじょう　あつし)	慶應義塾大学　環境情報学部　准教授
手塚　悟 (てづか　さとる)	東京工科大学　コンピュータサイエンス学部　教授
戸田　夏生 (とだ　なつお)	(財)地方自治情報センター　理事
松本　泰 (まつもと　やすし)	セコム(株)IS研究所基盤技術ディビジョン認証基盤グループ　グループリーダ
山口　英 (やまぐち　すぐる)	奈良先端科学技術大学大学院　教授
池田　大造 (いけだ　だいぞう)	(株)大和総研ビジネス・イノベーション　コンサルティング事業本部ビジネスコンサルティング部　部長
崎村　夏彦 (さきむら　なつひこ)	(株)野村総合研究所　公共ソリューション事業部基盤ソリューション事業本部DIソリューション事業部　上級研究員

資料10-2　個人情報保護ワーキンググループ及び情報連携基盤技術ワーキンググループの開催について

實川　昌幸		エヌ・ティ・ティ・コミュニケーションズ（株）法人事業本部システムエンジニアリング部　担当課長
鈴木　尊己		富士通（株）官公庁ソリューション事業本部　主席部長
中上　昇一		（株）日立製作所　公共システム事業部公共ビジネス戦略室　主管
長島　哲也		日本アイ・ビー・エム（株）官公庁担当CTO　技術理事
坂東　和彦		東芝ソリューション（株）官公ソリューション事業部官公ソリューション第二部ソリューション第三担当課長
宮坂　肇		（株）エヌ・ティ・ティ・データ　技術開発本部ITアーキテクチャ＆セキュリティ技術センタ　部長
吉丸　邦昭		沖電気工業（株）ソリューション＆サービス事業本部情報システム事業部官公システム第一部コンサルティング第一チーム　チームリーダ
吉本　明平		日本電気（株）公共ソリューション事業部　マネージャー

資料11　社会保障・税番号要綱（概要）

基本的な考え方

実現すべき社会

番号制度の導入により、①国民が公平・公正さを実感し、②国民の負担が軽減され、③国民の利便性が向上し、④国民の権利がより確実に守られるような社会を実現することを目的とする

大災害時における真に手を差し伸べるべき者に対する積極的な支援

防災福祉の観点からも番号制度の在り方を検討し、6月に公表予定の「大綱」に示す

法制度の必要性

法律又は法律の授権に基づく政省令に以下の事項を規定
- ▶番号制度の基本理念
- ▶国・地方公共団体・国民の責務
- ▶「番号」の付番・通知
- ▶「番号」の利用事務
- ▶本人確認の在り方
- ▶「番号」に係る個人情報の保護
- ▶情報連携の範囲・仕組み
- ▶国民に交付されるICカード
- ▶施行期日、施行のための準備行為　等

「番号」の利用事務

「番号」を利用する事務を特定し、施行時期を各事務に応じて決定（具体的な利用事務について、6月に公表予定の「大綱」に示す）

制度設計

《個人に付番する「番号」》
- ▶「番号」の付番、交付、変更、失効
- ▶利用範囲は法令に規定（以下の他拡充し大綱に示す）
  - ・国民年金及び厚生年金保険、共済年金等の被保険者に係る届出、給付の受給及び保険料の支払に関する手続
  - ・国民健康保険及び健康保険（国家公務員共済組合法及び地方公務員等共済組合法に関する短期給付を含む）等の被保険者に係る届出、保険料の支払に関する手続
  - ・介護保険の被保険者に係る届出、失業等給付の受給に関する手続
  - ・国税に関する法令の規定により税務署長に提出する書類への記載及びこれに係る利用
  - ・地方税に関する法令又はこれらに基づく条例の規定により地方公共団体に提出する書類等への記載及びこれに係る利用
  - ・社会保障及び地方税の分野の手続のうち条例に定めるもの
- ▶ICカードを活用した本人確認及び「番号」の真正性の確認
- ▶正当な利用目的の場合の「番号」告知義務、虚偽告知の禁止
- ▶不当な目的での「番号」の告知要求の制限
- ▶閲覧、複製、保管等の制限
- ▶「番号」取扱事業者等の安全管理措置義務
- ▶「番号」に係る個人情報の電子計算機処理等に関する秘密についての守秘義務
- ▶マイ・ポータル経由で「番号」に係る個人情報の開示、情報連携を通じた個人情報のやりとりに係るアクセス記録の確認の仕組み
- ▶システム構築・改修前に情報保護評価を実施

《付番機関》
- ▶個人に付番する機関の役割、権限
- ▶法人等に付番する機関の役割、権限

《法人等に付番する「番号」》

法人番号の付番対象
- ▶国の機関、地方公共団体
- ▶登記所の登記簿に記録された法人等
- ▶法令等の規定に基づき設置されている登記のない法人
- ▶国税・地方税の納税義務、源泉徴収義務、特別徴収義務又は法定調書の提出義務を有する人格のない社団等

《情報連携》
- ▶「番号」に係る個人情報の提供
- ・情報連携の範囲を法令に規定（第三者機関の許可を受けた場合は例外的に連携可能）
- ・マイ・ポータルを通じたアクセス記録の確認
- ・情報保有機関が保有する本人確認情報の住基ネット情報との同期化

《情報連携基盤の運営機関等》
- ▶情報連携基盤及びマイ・ポータルの運営機関の具体的な組織の在り方

《ICカード》

現行の住基カードの機能を改良
- ▶マイ・ポータルへのログインのため、公的個人認証サービスに認証用途を付加
- ▶公的個人認証を民間事業者等も利用可能にする
- ▶正確な告知のため、券面に「番号」を記載

資料11　社会保障・税番号要綱（概要）

個人情報保護など国民の懸念への対応

▶国家管理(一元管理)への懸念
▶名寄せ・突合により集積・集約された個人情報の漏えい等の危険性への懸念
▶不正利用による財産的被害発生への懸念

制度上の保護措置	システム上の安全措置
・第三者機関の監視 ・法令上の規制等措置 　(目的外利用の制限、閲覧・複写の制限、告知要求の制限、守秘義務等) ・罰則強化　　等	・「番号」に係る個人情報の分散管理 ・「番号」を用いない情報連携 ・個人情報及び通信の暗号化 ・アクセス制御　　等

住民基本台帳ネットワークシステム最高裁合憲判決(最判平成20年3月6日)を踏まえた制度設計

《第三者機関》

▶内閣総理大臣の下に番号制度の個人情報保護等を目的とする委員会を設置
▶監視対象機関等(行政機関、地方公共団体、関係機関、「番号」を取り扱う事業者)に対する監督等を実施
・監視対象機関等に対する「番号」の取扱いについて資料の提出・説明の要求、立ち入り検査、助言・指導、勧告、命令等
・情報連携基盤等の監査
・「番号」の取扱いに係る苦情相談、調査
・情報保護評価の承認

《罰則》

正当な理由なく行う以下の行為には罰則
▶「番号」に係る個人情報のデータベースの提供
▶「番号」に係る個人情報の提供・盗用
▶守秘義務違反　　等

実施計画案

　番号制度の導入時期については、制度設計や法案の成立時期により変わりうるものであるが、以下を目途とする。

▶H23年秋以降　可能な限り早期に番号法案及び関係法案の国会提出
▶法案成立後、可能な限り早期に第三者機関を設置
▶H26年6月　個人に「番号」、法人等に「法人番号」を交付
▶H27年1月以降　社会保障分野、税務分野のうち可能な範囲で「番号」の利用開始

資料編

資料12 社会保障・税番号大綱（概要）①基本的な考え方

1. 番号制度導入の趣旨

背景　　　　　　　　　　　　　　　　　　　現在

- ▶少子高齢化（高齢者の増加と労働力人口の減少）
- ▶格差拡大への不安
- ▶情報通信技術の進歩
- ▶制度・運営の効率性、透明性の向上への要請
- ▶負担や給付の公平性確保への要請

課題

複数の機関に存在する個人の情報を同一人の情報であるということの確認を行うための基盤がないため、

- ▶税務署に提出される法定調書のうち、名寄せが困難なものについては活用に限界
- ▶より正確な所得・資産の把握に基づく柔軟できめ細やかな社会保障制度・税額控除制度の導入が難しい
- ▶長期間にわたって個人を特定する必要がある制度の適正な運営が難しい（年金記録の管理等）
- ▶医療保険などにおいて関係機関同士の連携が非効率
- ▶養子縁組による氏名変更を濫用された場合に個人の特定が難しい

等

番号導入

理念　　　　　　　　　　　　　　　　　　　将来

- ●より公平・公正な社会の実現
- ●社会保障がきめ細やかかつ的確に行われる社会の実現
- ●行政に過誤や無駄のない社会の実現
- ●国民にとって利便性の高い社会の実現
- ●国民の権利を守り、自己情報をコントロールできる社会の実現

効果

- ▶番号を用いて所得等の情報の把握とその社会保障や税への活用を効率的に実施
- ▶真に手を差し伸べるべき人に対しての社会保障の充実
- ▶負担・分担の公正性、各種行政事務の効率化が実現
- ▶IT化を通じ効率的かつ安全に情報連携を行える仕組みを国・地方で連携協力しながら整備し、国民生活を支える社会的基盤を構築
- ▶ITを活用した国民の利便性の更なる向上も期待

資料12　社会保障・税番号大綱（概要）①（基本的な考え方）

2. 番号制度で何ができるのか

(1) よりきめ細やかな社会保障給付の実現
▶「総合合算制度(仮称)」の導入
▶高額医療・高額介護合算制度の現物給付化
▶給付過誤や給付漏れ、二重給付等の防止

(2) 所得把握の精度の向上等の実現

(3) 災害時における活用
▶災害時要援護者リストの作成及び更新
▶災害時の本人確認
▶医療情報の活用
▶生活再建への効果的な支援

(4) 自己の情報や必要なお知らせ等の情報を自宅のパソコン等から入手できる
▶各種社会保険料の支払や、サービスを受けた際に支払った費用(医療保険・介護保険等の費用、保育料等)の確認
▶制度改正等のお知らせ
▶確定申告等を行う際に参考となる情報の確認

(5) 事務・手続の簡素化、負担軽減
▶所得証明書や住民票の添付省略
▶医療機関における保険資格の確認
▶法定調書の提出に係る事業者負担の軽減

(6) 医療・介護等のサービスの質の向上等
▶継続的な健康情報・予防接種履歴の確認
▶乳幼児健診履歴等の継続的把握による児童虐待等の早期発見
▶難病等への医学研究等において、継続的で正しいデータの蓄積が可能となる
▶地域がん登録等における患者の予後の追跡が容易となる
▶介護保険被保険者が異動した際、異動元での認定状況、介護情報の閲覧が可能となる
▶各種行政手続における診断書添付の省略
▶年金手帳、医療保険証、介護保険証等の機能の一元化

3. 番号制度に必要な3つの仕組み

付番　新たに国民一人ひとりに、唯一無二の、民―民―官で利用可能な、見える「番号」を最新の住所情報と関連づけて付番する仕組み

情報連携　複数の機関において、それぞれの機関ごとに「番号」やそれ以外の番号を付して管理している同一人の情報を紐付し、紐付けられた情報を活用する仕組み

本人確認　個人や法人が「番号」を利用する際、利用者が「番号」の持ち主であることを証明するための本人確認

4. 安心できる番号制度の構築

▶国家管理(一元管理)への懸念
▶名寄せ・突合により集積・集約された個人情報の漏えい等の危険性への懸念
▶不正利用による財産的被害発生への懸念

制度上の保護措置	システム上の安全措置
・第三者機関の監視 ・法令上の規制等措置(目的外利用の制限、閲覧・複写の制限、告知要求の制限、守秘義務等) ・罰則強化　等	・「番号」に係る個人情報の分散管理 ・「番号」を用いない情報連携 ・個人情報及び通信の暗号化 ・アクセス制御　等

住民基本台帳ネットワークシステム最高裁合憲判決(最判平成20年3月6日)を踏まえた制度設計

5. 今後のスケジュール

番号制度の導入時期については、制度設計や法案の成立時期により変わり得るものであるが、以下を目途とする。
▶H23年秋以降　可能な限り早期に番号法案及び関係法案の国会提出
▶法案成立後、可能な限り早期に第三者機関を設置
▶H26年6月　個人に「番号」、法人等に「法人番号」を交付
▶H27年1月以降　社会保障分野、税務分野のうち可能な範囲で「番号」の利用開始
▶H30年を目途に利用範囲の拡大を含めた番号法の見直しを引き続き検討

185

資料12　社会保障・税番号大綱（概要）②（法整備）

○番号法の構成（イメージ）
Ⅰ　基本理念
Ⅱ　個人に付番する「番号」
　▶「番号」の付番、変更、失効
Ⅲ　「番号」を告知、利用する手続

▶年金分野
・国民年金及び厚生年金保険、確定給付年金及び確定拠出年金、共済年金、恩給等の被保険者資格に係る届出、給付の受給及び保険料に関する手続

▶医療分野
・健康保険（国家公務員共済組合法及び地方公務員等共済組合法に関する短期給付を含む）及び国民健康保険法等の被保険者資格に係る届出、保険料に関する手続
・母子保健法、児童福祉法等による医療の給付の申請、障害者自立支援法による自立支援給付の申請に関する手続

▶介護保険分野
・介護保険の被保険者資格に係る届出、保険給付の受給、保険料に関する手続

▶福祉分野
・児童扶養手当、特別児童扶養手当、特別障害給付金等の支給申請に関する手続
・生活保護の申請や各種届出に関する手続
・母子寡婦福祉資金貸付、生活福祉資金貸付の申請に関する手続

▶労働保険分野
・雇用保険の被保険者資格に関する届出、失業等給付の受給、公共職業安定所への求職申込、労災保険給付の支給に関する手続

▶税務分野
・国税又は地方税に関する法令若しくは地方税に関する法令に基づく条例の規定により税務署長等又は地方公共団体に提出する書類への記載及びこれに係る利用
・国税又は地方税に関する法令若しくは地方税に関する法令に基づく条例の規定に基づき、税務職員等又は地方公共団体の職員等が適正かつ公平な国税又は地方税の賦課及び徴収のために行う事務に係る利用

▶その他
・社会保障及び地方税の分野の手続のうち条例に定めるもの
・災害等の異常事態発生時の金融機関による預金等の払戻し等に係る利用

Ⅳ 「番号」に係る個人情報
- ▶番号
- ▶左記Ⅲに掲げる手続のために保有される個人情報

Ⅴ 「番号」に係る本人確認等の在り方
- ▶本人確認及び「番号」の真正性確保措置
- ▶「番号」のみで本人確認を行うことの禁止

Ⅵ 「番号」に係る個人情報の保護及び適切な利用に資する各種措置
- ▶「番号」の告知義務、告知要求の制限、虚偽告知の禁止
- ▶閲覧、複製及び保管等の制限
- ▶委託、再委託等に関する規制
- ▶守秘義務、安全管理措置義務
- ▶「番号」に係る個人情報へのアクセス及びアクセス記録の確認
- ▶代理の取扱い
- ▶情報保護評価の実施

Ⅶ 「番号」を生成する機関
- ▶組織形態(地方共同法人)
- ▶市町村への「番号」の通知
- ▶情報保有機関との関係(情報保有機関は番号生成機関に対し、基本4情報(住所、氏名、生年月日、性別)の提供を求めることができること。)

Ⅷ 情報連携
- ▶「番号」に係る個人情報の提供等(情報連携基盤を通じて情報の提供が行われること。)
- ▶情報連携の範囲
- ▶住基ネットの基本4情報(住所、氏名、生年月日、性別)との同期化
- ▶情報連携基盤の運営機関

Ⅸ 自己情報の管理に資するマイ・ポータル
- ▶設置、機能、運営機関(情報連携基盤の運営機関と同一の機関とする)

Ⅹ マイ・ポータルへのログイン等に必要なICカード
- ▶交付
- ▶公的個人認証サービスの改良

資料編

```
XI　第三者機関
▶設置等（内閣総理大臣の下に委員会を置く）
▶権限、機能（調査、助言、指導等）
```

```
XII　罰則
▶行政機関、地方公共団体又は関係機関の職員等を主体とするもの
▶行政機関の職員等以外も主体となり得るもの
▶委員会の委員長等に対する守秘義務違反
```

```
XIII　法人等に対する付番
▶付番、変更、通知
▶検索及び閲覧（法人等基本3情報（商号又は名称、本店又は主たる事務所の所
　在地、会社法人等番号）に係る検索、閲覧サービスの提供）
▶「法人番号」の適切な利用に資する各種措置
▶法人等付番機関（国税庁）
```

```
○情報の機微性に応じた特段の措置
▶医療分野等における個人情報保護法の特別法を整備（医療分野等の特に機微性
　の高い医療情報等の取扱いに関し、個人情報保護法又は番号法の特別法として、
　特段の措置を定める法制を番号法と併せて整備。）
```

資料13　社会保障・税番号制度の法律事項に関する概要の要点

Ⅰ．名称、所管

○番号制度は内閣府が所管し、その法律の通称は、「マイナンバー法」とする。
○個人番号の通知等及び番号カードの所管は総務省、法人番号の通知等は国税庁
○情報連携基盤は内閣府と総務省の共管

Ⅱ．制度の内容

1　総則
○国民の利便性の向上及び行政運営の効率化を図り、国民が安心して暮らすことのできる社会の実現に寄与することを目的とする。
○個人番号は次のことを基本理念として取り扱う。
・個人の権利利益が保護されるものであること
・社会保障制度及び税制における給付と負担の適切な関係が維持されるものであること
・行政における申請、届出その他の手続等の合理化が図られること
・自己に関する個人情報の簡易な確認の方法が得られる等国民生活の充実に資するべきものであること

2　個人番号
○市町村長は、個人番号を定め、書面により通知
○市町村長は、個人番号の生成に係る処理を地方公共団体情報処理機構(仮称)に要求
○一定の要件に該当した場合のみ、個人番号は変更可能
○個人番号の利用範囲をマイナンバー法に明記。地方公共団体の独自利用や災害時の金融機関での利用も可能
○本法に規定する場合を除き、他人に個人番号の提供又は告知を求めることは禁止

○本人から個人番号の告知を受ける場合、番号カードの提示を受ける等の本人確認を行う必要

3　番号個人情報の保護等
(1)　番号個人情報の保護
○マイナンバー法の規定によるものを除き、番号個人情報の収集・保管、番号個人情報ファイルの作成を禁止
○個人番号取扱者の許諾のない再委託は禁止
○番号情報保護委員会は情報保護評価指針を作成・公表
○行政機関の長等は、情報保護評価を実施し、情報保護評価報告書を作成・公表

(2)　情報連携
○番号個人情報の提供は原則禁止。情報連携基盤を使用して行う場合など、マイナンバー法の規定によるもののみ可能
○同一内容の情報が記載された書面の提出を複数の番号関係手続において重ねて求めることがないよう、相互に連携して情報の共有及びその適切な活用に努める
○情報連携基盤の所管大臣は、情報提供者及び情報照会者へ本人の個人番号を特定することができる符号を通知
○情報連携基盤を使用して番号個人情報の提供を求められた場合、当該番号個人情報の提供義務あり
○情報提供の記録は情報連携基盤に保存

(3)　個人情報保護法等の特例
○情報連携基盤上の情報提供の記録について、マイ・ポータル又はその他の方法により開示
○任意代理人による番号個人情報の開示請求等が可能
○本人同意があっても番号個人情報の第三者への目的外提供は禁止
○地方公共団体等における必要な措置

4　番号情報保護委員会
○内閣府設置法第49条第3項の規定に基づく、いわゆる三条委員会として設置

○所掌事務
・番号個人情報の取扱いに関する監視又は監督
・情報保護評価に関すること　　など
○組織・任期等
・委員長及び最大6人の委員をもって組織。任期は5年。
・委員長及び委員は、両議院の同意を得て、内閣総理大臣が任命。
・委員は、個人情報の保護に関する学識経験者、情報処理技術に関する学識経験者、社会保障制度や税制に関する学識経験者、民間企業の実務経験を有する者、地方公共団体の全国的連合組織の推薦する者等で構成。
・委員長、委員、職員等の守秘義務、給与、政治活動の禁止等を規定
・委員会は指導、助言、勧告、命令、報告及び立入検査の実施権限、委員会規則の制定権あり
・委員会は内閣総理大臣に意見を述べることができる
・委員会は毎年国会に処理状況を報告、概要を公表

5　法人番号
○国税庁長官は法人番号を指定、通知。法人等の名称、所在地等と併せて法人番号を公表。ただし、人格のない社団等の所在地等の公表は予め同意のあるものに限る。
○行政機関の長等は、番号法人情報の授受の際、法人番号を通知して行う。

6　雑　則
○番号カード
・市町村長は、当該市町村が備える住民基本台帳に記録されている者に対し、その者の申請により、番号カードを交付
・市町村長その他の市町村の執行機関は、条例で定めるところにより、番号カードを利用可能。
○事務の区分
・個人番号の通知、変更等の市町村長が処理する事務の区分は法定受託事務。

7　罰　則
以下のような行為に対する罰則を設ける。

○個人番号を取り扱う行政機関の職員や事業者等が正当な理由なく番号個人情報等を含むファイルを提供したとき
○個人番号を取り扱う行政機関の職員や事業者等が業務に関して知り得た番号個人情報等を正当な理由なく提供又は盗用したとき
○情報連携事務に従事する者等が情報連携事務に関して知り得た電子計算機処理等の秘密を漏らしたとき
○行政機関の職員等が不当な目的で個人番号が記録された文書、図画又は電磁的記録を収集したとき
○人を欺き、暴行を加え、脅迫する行為により、又は財物の窃取、施設への侵入、不正アクセス行為その他の行為により個人番号等を取得したとき
○偽りその他不正の手段により、番号カードの交付を受けたとき
○番号情報保護委員会の職員等が職務上知り得た秘密を漏らしたとき
○番号情報保護委員会による検査を拒むなどしたとき
○番号情報保護委員会の命令に違反したとき

8　その他
○マイナンバー法の施行後5年を目途として、本法の施行状況等を勘案し、本法の規定について検討を加え、その結果に応じて利用範囲の拡大を含めた所要の見直しを行う

Ⅲ. 制度の施行期日

○準備行為等に係る規定…公布日
○番号情報保護委員会に係る規定…平成25年1月～6月
○個人番号、法人番号、番号カードに係る規定
　…公布日から3年を超えない範囲
○情報連携に係る規定…公布日から4年を超えない範囲

資料14　第180回国会提出法案からの修正の概要

1. 番号制度の基本理念の追加

　個人番号及び法人番号の利用に関する施策の推進は、個人情報の保護に十分配慮しつつ、行政運営の効率化を通じた国民の利便性の向上に資することを旨として、社会保障制度、税制及び災害対策に関する分野における利用の促進を図るとともに、他の行政分野及び行政分野以外の国民の利便性の向上に資する分野における利用の可能性を考慮して行われなければならない。【第3条第2項】

2. 国、地方公共団体の責務、事業者の努力規定の追加

　基本理念にのっとり、特定個人情報の適正な取扱いを確保するために必要な措置を講ずる。【第4条～第6条】
国の責務：①個人番号及び法人番号の利用を促進するための施策を実施する。②教育活動、広報活動等を通じて、個人番号及び法人番号の利用に関する国民の理解を深めるよう努める。【第4条】
地方の責務：個人番号及び法人番号の利用に関し、国との連携を図りながら、自主的かつ主体的に、その地域の特性に応じた施策を実施する。【第5条】
事業者の努力：国及び地方公共団体が個人番号及び法人番号の利用に関し実施する施策に協力するよう努める。【第6条】

3. 通知カードの送付による個人番号の通知等

(1) 全員に個人番号等が記載された「通知カード」を送付し、個人番号の通知を行う。【第7条第1項】
(2) 個人番号の通知を受けた者は、申請により、通知カードと引き換えに個人番号カードの交付を受ける。【第7条第7項、第17条第1項】
(3) 市町村長は、個人番号カードの交付の円滑化のために必要な措置を講ずるものとする。【第7条第3項】

4. 個人番号カードの利用等

(1) 個人番号の利用に関する施策の推進は、行政事務の処理における本人確認の簡易な手段としての個人番号カードの利用の促進を図るとともに、カード記録事項が不正な手段により収集されることがないよう配慮しつつ、行政事務以外の事務の処理において個人番号カードの活用が図られるように行われなければならない。【第3条第3項】
(2) 市町村の機関、その他政令で定めるものは、条例（政令で定めるものにあっては、政令。）で定めるところにより、総務大臣が定める安全基準に従って、一定の事項を個人番号カードのカード記載事項が記録された部分と区分された部分に電磁的方法により記録して利用することができる。【第18条】

資料編

5. 本人確認の措置

個人番号利用事務等実施者は、本人から個人番号の提供を受けるときは、個人番号カード若しくは通知カード等の提示を受けること又はこれらに代わるべき政令で定める措置により、本人確認を行わなければならない。【第16条】

6. 情報提供ネットワークシステムの利用の促進

個人番号の利用に関する施策の推進は、個人情報の保護に十分配慮しつつ、社会保障制度、税制、災害対策その他の行政分野において、行政機関等が迅速に特定個人情報の授受を行うための手段としての情報提供ネットワークシステムの利用の促進を図るとともに、行政機関等が行う特定個人情報以外の情報の授受に情報提供ネットワークシステムの用途を拡大する可能性を考慮して行われなければならない。【第3条第4項】

7. 情報提供ネットワークシステム等の安全性の確保

総務大臣並びに情報照会者及び情報提供者は、情報提供等事務に関する秘密について、その漏えいの防止その他の適切な管理のために、情報提供ネットワークシステム並びに情報提供等事務に使用する電子計算機の安全性及び信頼性を確保することその他の必要な措置を講じなければならない。【第24条】

8. 特定個人情報保護委員会の所掌事務の追加等

「個人番号情報保護委員会」の名称を、「特定個人情報保護委員会」に改める。【第36条第1項ほか】

委員会は、個人番号その他の特定個人情報の取扱いに利用される情報提供ネットワークシステムその他の情報システムの構築及び維持管理に関し、費用の節減その他の合理化及び効率化を図った上でその機能の安全性及び信頼性を確保するよう、総務大臣その他の関係行政機関の長に対し、必要な措置を実施するよう求めることができる。【第54条第1項】

9. 検討等

(1) 法施行後3年を目途として、個人番号の利用範囲の拡大、特定個人情報の提供範囲の拡大、情報提供ネットワークシステムの用途拡大（特定個人情報以外の情報提供への活用）について検討を加える。【附則第6条第1項】
(2) 法施行後1年を目途として、特定個人情報保護委員会の権限の拡大等について検討を加える。【附則第6条第2項、3項】
(3) 本人確認措置に係る新たな認証技術の導入の検討を加える。【附則第6条第4項】
(4) マイ・ポータルの設置及びその活用等を図るために必要な措置を講ずる。【附則第6条第5項、第6項】
(5) 政府は、適時に、地域の実情を勘案して必要があると認める場合には、地方公共団体に対し、複数の地方公共団体の情報システムの共同化又は集約の推進について必要な情報の提供、助言その他の協力を行う。【附則第6条第7項】

※別途、政府CIOを法的拠に基づいて設置するための法案を番号法案と同時に提出。

資料15　衆議院における修正の概要

1　目的の修正

▶この法律の目的として、行政運営の効率化及び行政分野におけるより公正な給付と負担の確保を図ることを明記すること。

2　基本理念の修正

▶この法律の基本理念として、国民の利便性の向上及び行政運営の効率化に資することを明記すること。

3　特定個人情報を提供することができる場合の追加

▶国税庁長官が都道府県知事若しくは市町村長に又は都道府県知事若しくは市町村長が国税庁長官若しくは他の都道府県知事若しくは市町村長に、政令で定める国税に関する法律の規定により国税又は地方税に関する特定個人情報を提供する場合において、当該特定個人情報の安全を確保するために必要な措置として政令で定める措置を講じているときは、当該特定個人情報を提供することができること。

4　給付付き税額控除の施策に関する事務の的確な実施に係る検討

▶政府は、給付付き税額控除（給付と税額控除を適切に組み合わせて行う仕組みその他これに準ずるものをいう。）の施策の導入を検討する場合には、当該施策に関する事務が的確に実施されるよう、国の税務官署が保有しない個人所得課税に関する情報に関し、個人番号の利用に関する制度を活用して当該事務を実施するために必要な体制の整備を検討するものとすること。

番号法で変わる住民基本台帳制度 Q&A

| 平成 26 年 3 月 10 日 | 第 1 刷発行 |
| 平成 27 年 7 月 7 日 | 第 4 刷発行 |

編 著 者　番号法実務研究会
発　　行　株式会社ぎょうせい

〒136-8575
東京都江東区新木場 1 - 18 - 11

電話　編集　03-6892-6508
　　　営業　03-6892-6666
　　　フリーコール　0120-953-431

URL：http://gyosei.jp

〈検印省略〉

印刷　ぎょうせいデジタル㈱　　　　©2014 Printed in Japan
＊乱丁・落丁本はお取り替えいたします。

ISBN978-4-324-09797-7
(5108039-00-000)
[略号：番号法住基]

番号法で変わる自治体業務

番号法実務研究会/編著
定価（本体2,500円+税）

☆番号制度の全体像と自治体がとるべき対応策を豊富な図とQ&Aでわかりやすく解説した入門書。

☆番号法が施行される平成28年1月までに自治体でどのような体制を組み、準備を進めるべきか具体的スケジュールとともに詳解。

【目次】

第1章　番号制度の全体像

第2章　変わる自治体業務

第3章　地方公共団体のとるべき体制
Q&A

Q1　地方の責務とありますが、番号制度は国がやるのではないのですか？
Q2　通知カードと個人番号カードの違いは何ですか？
Q3　通知カードは身分証として使えますか？
Q4　住基法の本人確認情報と番号法の特定個人情報の関係を教えて下さい。他

お近くの書店または弊社までご注文ください。

株式会社ぎょうせい
フリーコール　TEL：0120-953-431 [平日9～17時]
　　　　　　　FAX：0120-953-495 [24時間受付]
Web　http://gyosei.jp [オンライン販売]
〒136-8575 東京都江東区新木場1-18-11